Grise Bouille, Tome I

ISBN : 978-2-493727-11-4
Prix (France) : 19,95 €
Dépôt légal : août 2021
Photo 4e de couverture : Lucile Bériot (CC BY SA)
Mise en page avec LaTeX

https://ptilouk.net/

GEE

Grise Bouille

Tome I

Du même auteur :

2022 en dessins (Grise Bouille Presse) *(2022)* — Recueil de dessins d'actualité.

Le Guide du connard professionnel *(2022)* — BD satirique scénarisée par Pouhiou, racontant la malveillance comme source de profit.

Une Auberge dans la tempête *(2022)* — Roman de suspense et d'humour racontant les péripéties d'une randonneuse réfugiée dans une étrange auberge en pleine tempête.

Les aventures inutiles de Superflu *(2021)* — Bande dessinée humoristique en couleurs, racontant les aventures d'un superhéros qui ne sert à rien.

Grise Bouille *(5 tomes – 2016 à 2021)* — Recueils de bandes dessinées mêlant humour, vulgarisation scientifique et satire politique.

Apérocalypse (roman inachevé) *(2020)* — Roman inachevé racontant la vie d'un petit lotissement péri-urbain alors que la civilisation industrielle occidentale s'effondre.

GKND, l'intégrale *(2019)* — Bande dessinée humoristique « geek » racontant les péripéties de trois étudiants passionnés de sciences et d'informatique.

Working Class Heroic Fantasy *(2018)* — Roman de luttes sociales dans un monde heroic fantasy.

L'Enfant sans bouche *(2016)* — Recueil de nouvelles diverses, de la science-fiction à la fantasy en passant par l'humoristique et l'horrifique.

Ce livre, édité par *Ptilouk.Net Éditions*, est la version imprimée d'un livre numérique publié aux éditions *Des livres en Communs* (anciennement *Framabook*).

Les auteurs tiennent à remercier les bénévoles ayant réalisé le travail éditorial sur cet ouvrage et invitent leur lectorat à soutenir *Framasoft*, association d'éducation populaire aux enjeux du numérique et des communs culturels dont les éditions *Des livres en Communs* sont issues.

Pour plus d'informations sur Framasoft, consultez
https://framasoft.org/

Grise Bouille, pas « que » pour les cons

Tiens, je vais commencer par citer du Emmanuel Kant, quitte à la ramener, autant que cela vaille la peine de jouer le Kador. Or donc ce cher Kant – et si tu l'avais lu, tu le saurais –, il a passé des années de sa vie à essayer de comprendre comment on comprend. Et pour lui – c'est dire si c'était une Lumière – c'est notre capacité de jugement qui nous permet à la fois d'expliquer l'état du monde et d'apprendre des choses nouvelles. Mais le plus fun, dans cette histoire, c'est que même Kant, qui ne sortait de chez lui que rarement, savait que, où que l'on puisse être et à n'importe quelle époque, il y a toujours des cons pour contrarier les autres. Et même parfois des cons très savants. C'est redoutable. C'est ce qui lui fait dire dans une toute petite note de la *Critique de la raison pure* que « Le défaut de jugement est proprement ce que l'on nomme stupidité et c'est là un vice auquel il n'y a pas de remède ». En d'autres termes, si on est con, c'est par vice, c'est parce qu'on a envie de l'être, c'est parce que, au plus profond de soi, avec la balayette, on a vraiment envie de faire chier les autres en sortant des conneries à tout bout de champ. Il y a de quoi devenir paranoïaque et se croire entouré, cerné... gouverné (?) par des cons. Tragédie : pour Kant, il n'y a même pas de remède à la connerie. Aucun espoir. Quand on est con... on est con (Brassens, grand commentateur de la Critique de la Raison Pure).

Ah ben si quand même, il y a *Grise Bouille*! Car au fond, *Grise Bouille*, c'est quoi? Un remède à la langue de bois, un défouloir contre les trucs-qui-gonflent, une expression libre anti-cons. En chroniquant cette année 2015, ponctuée notamment de lois liberticides, de commentaires les plus réacs qui soient et de films débiles, *Grise Bouille* démontre qu'effectivement la connerie est un vice mais qu'au lieu d'essayer de la corriger (peine perdue si on est kantien), il vaut mieux l'exposer, la dessiner, et peut-être aussi (c'est le côté éducatif qui nous sauve du déclinisme ambiant) tenter d'en atténuer les effets. C'est le rôle du dessinateur qu'endosse si bien Gee. Alors, oui, on étale les connaissances (les planches sur les espaces insécables et la typographie sont mémorables!), on se fait redresseur de tort, Don Quichotte des bacs à sable... mais ce qu'il y a de bien avec *Grise Bouille*, c'est qu'il nous renvoie en pleine *bouille* notre propre vacuité. C'est valable pour les cons aussi. Si la connerie est un vice, les vicieux sont quand même minoritaires, heureusement. Alors on la ferme, on tourne la page et on se marre.

– Christophe Masutti (Framatophe)

P.S. : oui, je sais, c'est pas très malin de traiter de cons (les) certains lecteurs de cet ouvrage, mais comme c'est un Framabook, soit vous l'avez téléchargé librement et gratuitement, auquel cas vous n'avez aucune raison de vous plaindre (au pire, éditez le fichier), soit vous l'avez acheté en version papier... trop tard!

Avant-propos

Lorsque je prends la décision, à l'automne 2014, de mettre un point final à cinq années de blog-BD intensives avec *Le Geektionnerd*[1], je sais que je n'arrête pas la bande dessinée. Mais j'ai besoin de passer à autre chose : quelques petites cases publiées chaque jour sans discontinuer, c'est un rythme qui ne me convient plus. C'est donc avec soulagement que je termine ce blog, avec déjà en tête mille idées qui fourmillent pour la suite.

Je lance *Grise Bouille* en janvier 2015, beaucoup moins inspiré pour le nom (qui désigne avant tout les « gribouillages » que sont mes dessins) que pour le contenu. J'ai appris de mes erreurs du *Geektionnerd* : je sais que je veux un blog au format plus long, plus réfléchi avec une fréquence réduite. Tout cela avec un ton plus accessible pour arrêter une bonne fois pour toutes de se regarder le nombril avec la communauté libriste qui, malgré toute l'affection que je lui porte, peine encore à partager ses idéaux pourtant nobles avec le reste du monde.

Le *Geektionnerd* était arrivé par hasard, sur un coup de tête, sans que je sache vraiment ce qu'il allait devenir. Pour *Grise Bouille*, j'ai des objectifs clairs : privilégier la qualité sur la quantité ; essayer

---

1. https://geektionnerd.net/

d'aller au-delà de la blague pour la blague ; proposer un contenu varié, amusant et intéressant ; en définitive, apporter une toute petite pierre à l'édifice qu'est l'éducation populaire, la transmission du savoir sous toutes ses formes (ici sous une forme divertissante, je l'espère). J'ai en tête les spectacles d'Alexandre Astier, les conférences de Frank Lepage ou encore le blog de Klaire[1]. Un vaste programme...

Au fil des mois, je trouve mon rythme, entre vulgarisation scientifique, exposés loufoques, satire politique et actualité des *Cultures Libres* (publiée également sur le *Framablog*[2]). S'ajouteront également des textes littéraires et même de la musique, la règle générale étant de ne rien m'interdire.

Le présent recueil compile donc la grande majorité des articles publiés sur le blog au cours de l'année 2015[3], classés par thème puis par ordre chronologique. Lorsque cela s'impose, quelques informations contextuelles sont données en préambule.

Une dernière chose, et pas des moindres : ce livre est libre. Vous avez le droit de le partager et je vous y encourage même. La prochaine fois que quelqu'un dit « digital » dans un contexte où il aurait fallu dire « numérique », faites-lui lire *Amour numérique* (page 99) ; lorsque l'un de vos proches se demande pourquoi la clef USB qu'il a achetée a une capacité plus faible que celle indiquée sur la boîte, envoyez-lui *Dites adieu aux kilos en trop* (page 117) ; si vous vous plaignez d'une situation et que quelqu'un utilise l'argument du *Ailleurs, c'est pire*, renvoyez-le page 225 ; et si vous voulez juste vous détendre devant une histoire légère, toute la section *Comic trip* (page 1) est là pour ça.

Bonne lecture et à bientôt sur le *web* ou ailleurs,

– Gee

---

1. Celle qui fait « grr » : https://www.klaire.fr

2. https://framablog.org/

3. Certains articles ont été écartés car ils n'étaient pas pertinents dans le cadre d'un livre : ceux qui parlaient de l'actualité du blog, ceux qui contenaient du son ou de la vidéo ainsi que les nouvelles littéraires qui sont un travail à part. Vous pouvez bien sûr retrouver tout cela en ligne sur https://grisebouille.net/

histoires drôles

gags

absurde

humour

Comic trip

strip

fiction

détente

gribouillages

La bande-dessinée est un moyen d'expression qui touche tous les genres possibles et imaginables : science-fiction, policier, *heroic fantasy*... Mais pour ma part, j'ai été bercé par la culture franco-belge de la bande-dessinée humoristique et décalée.

D'abord, petit, avec les grands classiques : *Astérix*, *Lucky Luke* et surtout le *Spirou* de Tome & Janry ainsi que son « petit » alter-ego. Je pourrais aussi citer *Kid Paddle*, *Cédric*, etc.

Puis, en grandissant, c'est principalement l'indétrônable Gotlib qui m'a donné le goût de l'humour absurde, où les exposés raffinés et pince-sans-rire côtoient une grivoiserie assumée mais jamais vulgaire. J'ai dévoré chaque tome des *Rubriques à Brac* plus de fois que je ne pourrais compter. Le petit *smiley* qui apparaît parfois dans mes dessins est une référence à peine déguisée à la fameuse coccinelle de Gotlib.

Voici donc, pour commencer ce recueil, la section la plus légère où chaque histoire se veut être avant tout une grosse blague, parsemée de jeux de mots (forcément) pourris.

Balai magique

Direct
Notre testeur monte sur le fameux balai...
BêêêFM-TV

Euuuh, c'est pas très confortable...
Direct
Alors ?
Ça fait un peu mal aux c...
BêêêFM-TV

AAAAAARRRRGGHH !
Direct
BêêêFM-TV

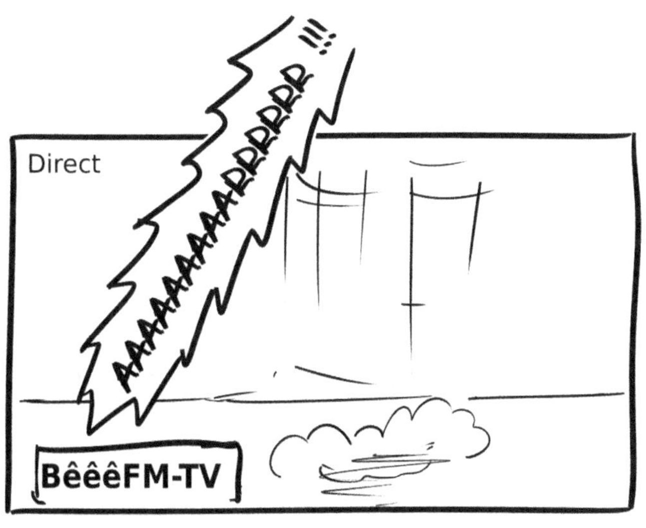
Direct
AAAAAAAAARRRRR
!!!
BêêêFM-TV

Direct
Dumpf !
SPLAF !
BêêêFM-TV

Direct
Ggnnniiiii...
BêêêFM-TV

Professeur, une explication ?
Vous avez déjà essayé de vous asseoir à califourchon sur un cylindre de ce diamètre ?
Imaginez maintenant une forte accélération directement dans l'entrejambe...
Direct
BêêêFM-TV

C'est vrai que les histoires de sorciers ne précisent pas cela...
Mais pourquoi n'avoir pas prévu de selle, alors ?
Direct
BêêêFM-TV

POUR QU'ON ARRÊTE DE ME LES CASSER LES MIENNES, DE COUILLES, À M'DEMANDER D'INVENTER DES CONNERIES DANS CE GENRE !
Direct
BêêêFM-TV

J'me tire !
Direct
BêêêFM-TV
Et votre
épée qui devient
bleue quand on
croise une baleine,
vous pouvez vous
la carrer où
j'pense !

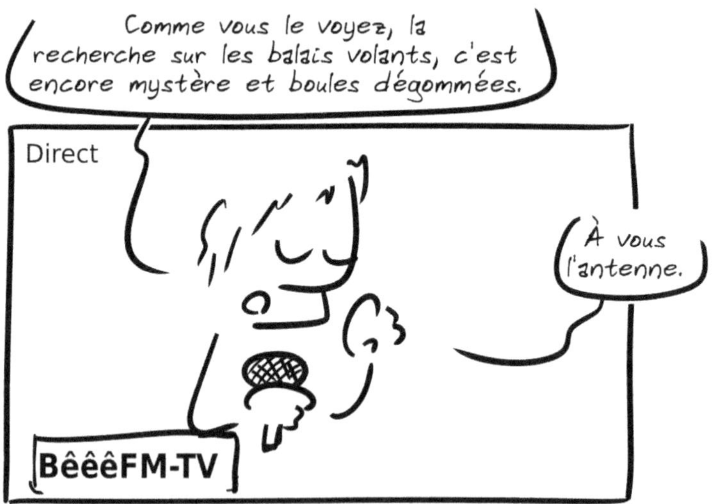
Comme vous le voyez, la
recherche sur les balais volants, c'est
encore mystère et boules dégommées.
Direct
À vous
l'antenne.
BêêêFM-TV

04/12/14 gee

Arrêtons avec les croissants

Le croissant est une viennoiserie bien connue pour avoir une forme très proche du croissant.

Croissant (viennoiserie)   Croissant (forme)

Mais si le croissant est géométriquement intéressant, il serait peut-être temps d'y mettre un terme culinairement.

Pourquoi ?

Voici un exemple simple :

Aujourd'hui, Jean-Jean se rend à l'assemblée générale de son club de macramé.

(Oui, Jean-Jean est comme ça, il a le cœur sur la main - et ça fait mal.)

Avertissement : par respect pour nos amis du sud-ouest qui disent « *chocolatine* » et non « *pain au chocolat* », j'utiliserai à partir de maintenant le terme neutre de « *chocopain* » que je viens juste d'inventer. Merci de votre compréhension.

Quel joli panier apporte Jean-Jean ! Ses amis du club de *macramé* vont se régaler !

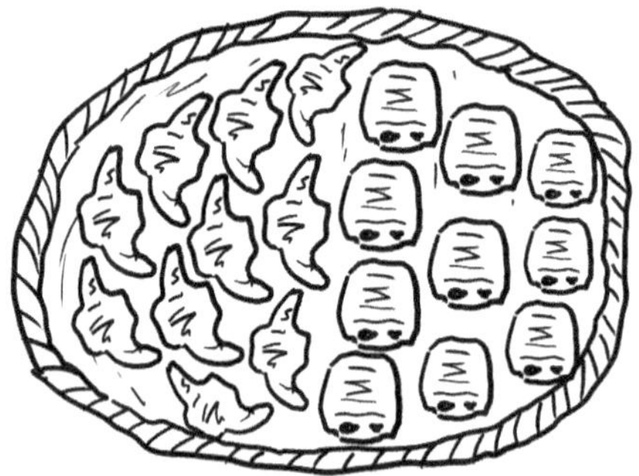

Question : après une heure d'assemblée générale, à quoi va ressembler ce joli panier ?

Réponse : à ça.

Voilà.

Il ne reste plus aucun chocopain.

Parce que _tout le monde_ préfère les chocopains.

Il ne reste donc que les croissants auxquels presque personne n'a touché.

Et éventuellement les pains aux raisins...

Maintenant, les retardataires et ceux qui voudront se resservir devront se contenter de cette viennoiserie de seconde zone, sans chocolat ni âme à l'intérieur.

(Notez le désespoir résigné qui émane de ces paroles. Le croissant est un loup pour l'homme, ne l'oubliez jamais.)

Alors, désormais, quand vous irez acheter des viennoiseries pour les copains et que vous songerez à prendre 10 croissants et 10 chocopains...

Par pitié...

Souvenez-vous du geste qui sauve...

Prenez 20 putains de chocopains.

(Et éventuellement 2 croissants pour les énergumènes du fond qui n'aiment pas le chocolat. Méh.)

Une technique de régime révolutionnaire

Mammouth of control

Ce jeu de mots (pas du tout foireux et nécessitant votre accent anglais le plus déporable afin d'être compris) me permet d'entrer directement dans le vif du sujet : *le mammouth.*

Le mammouth est un animal préhistorique mais il n'a pas cohabité avec les dinosaures. Plus précisément, lui a plutôt vécu à l'ère du Pléistocène.

Ce qui n'est pas une raison pour le snober
autant dans les fictions préhistoriques.

Contrairement à une croyance répandue, le mammouth n'est pas l'ancêtre de l'éléphant mais bien un cousin un peu poilu.

Ceci est d'ailleurs confirmé par la fameuse *Classification Périodique des Éléphants* de Mendeleiev dont je vous livre une reproduction fidèle ci-après.

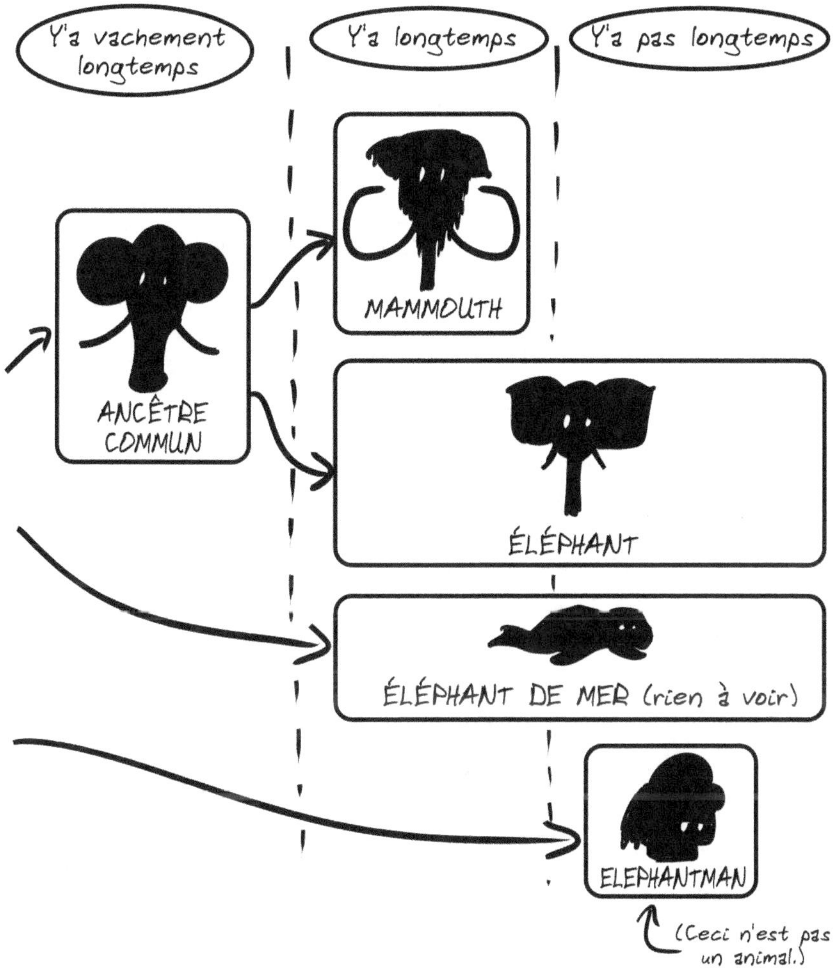

Remarquez au passage l'énorme différence de taille entre les oreilles del'éléphant d'Afrique et celles de l'éléphant d'Asie.

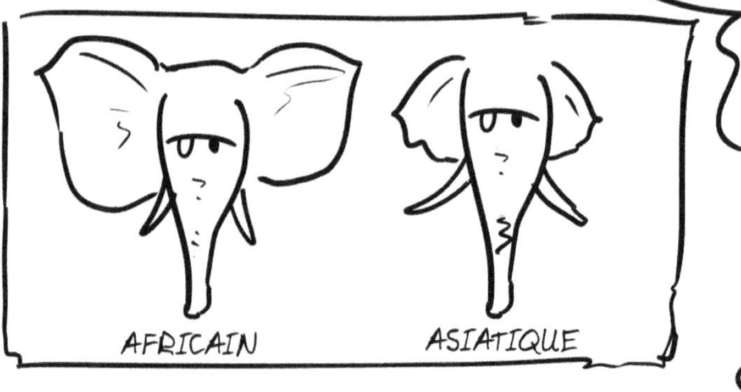

Si le mammouth a disparu et pas l'éléphant, c'est tout d'abord à cause d'une fiche personnage très déséquilibrée.

Ses longues défenses couplées à une démangeaison tenace ont également été la cause d'une grave instabilité mentale.

Afin de ne froisser aucune sensibilité, citons une version alternative de cette histoire destinée aux créationnistes. Le couple de mammouths serait tout simplement arrivé à la bourre le jour où Noé a rempli son arche.

Il se murmure parfois que le mammouth n'aurait pas totalement disparu de la surface de la Terre et se serait reconverti dans la grande distribution entre les années 70 et 90.

Où est-il passé depuis ?

C'est un mystère.

Mais quelque chose me dit que le
mammouth n'a pas dit son dernier mot...

(L'histoire ne dit pas s'il a fini par se gratter le front.)

When it's ready

19/05/15 gœ

Feignasse Kitchen

Oui, alors disons que je suis feignant MAIS que j'aime bien manger des trucs (un peu) sympas. Du coup, j'ai tendance à chercher des recettes simples, faciles à faire mais bonnes quand même.

Moi, dans ces cas-là, c'est vite vu...

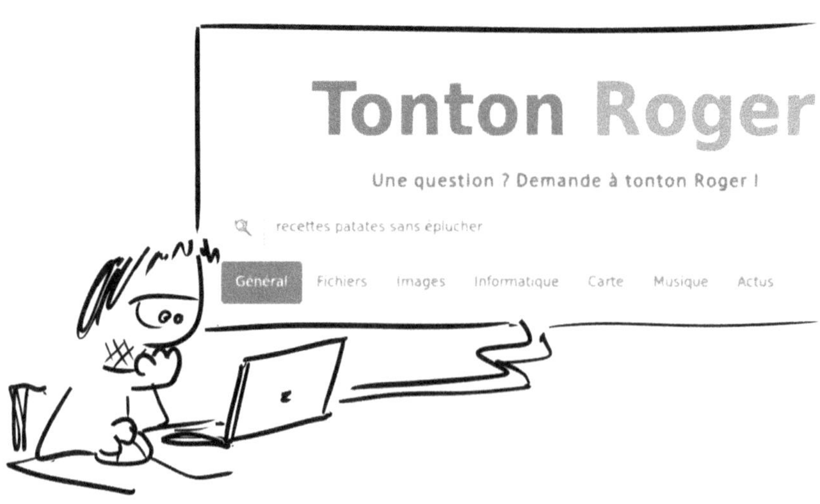

Et puisque j'ai tendance à piocher dans plusieurs recettes et à les customiser un peu, je vous livre la recette de

POTATOES POUR FEIGNASSE

que j'utilise désormais très souvent.

Vous ne devinerez jamais comment cet homme mange ses patates ! Les vendeurs d'économes le détestent !

Lorem ipsum dolor sit amet, consectetur adipiscing elit. Aliquam interdum vestibulum risus id vestibulum. Nunc efficitur bibendum pellentesque. Etiam efficitur enim in elit consectetur malesuada. Quoi, t'es pas content parce que j'ai eu la flemme d'écrire un vrai truc ? Le lorem ipsum c'est l'avenir de la presse, mon vieux. Faut s'y faire. Nam et velit a tortor condimentum tincidunt a sed sapien. In id purus erat. Sed porttitor consectetur neque, non aliquet purus mollis quis. Aliquam lectus turpis, tincidunt vel elementum cursus,

① Vous prenez des pommes de terre. Genre 2 ou 3. Ou 4 si vous avez vraiment faim. Enfin bref. Vous en profitez pour mettre votre four en route, genre vers 200°-210°.
#tranquille
#sisi #tavu.

② Vous les lavez (oui, parce que vu que vous allez bouffer la peau, il vaut mieux qu'elle soit propre, en gros) et vous les coupez comme les quartiers d'une orange.

③ Vous mettez les quartiers dans ~~un tupperware~~ une boîte en plastique (mais si c'est une boîte en bois, c'est pareil, d'ailleurs vous pouvez bien le mettre dans c'que vous voulez, moi si vous saviez ce que j'en ai à c'est pas mon problème pi vous m'agacez avec vos).

4 Vous ajoutez une cuillère à soupe d'herbes de Provence, une cuillère à soupe de paprika, du sel, du poivre, du papier toilette, deux éponges et des raviolis.

En fait vous pouvez aussi ajouter un peu tout c'que vous voulez, selon vos goûts.
N'hésitez pas à terminer vos pots d'épices presque vides qui traînent depuis 2 ans dans votre placard...
5 Vous ajoutez deux cuillères à soupe d'huile de tournesol et vous secouez bien le tout.
T'aurais pu préciser qu'il fallait fermer la boîte avant de secouer...
C'est pas pro, là.

⑥ Vous rouvrez votre boîte, vous ajoutez une cuillère à soupe de farine (pensez à changer de cuillère après l'huile - j'dis ça, c'est pour vous) et vous remuez encore.

⑦ Vous étalez vos quartiers sur une plaque ou un plat et vous mettez ça 30 minutes au four.

(Pendant ces 30 minutes, profitez-en pour regarder sur Wikipédia pourquoi diable « cuillère » peut s'écrire « cuiller ».)

Gaffe, si vos potatoes sont un peu larges, laissez plutôt genre 35 voire 40 minutes sinon c'est pas cuit.
(Et c'est dégueu.)

> Et après, bah déjà vous sortez votre plat du four sans vous cramer les doigts (mais si vous vous cramez les doigts, la recette est bonne quand même). Et puis bah... Akala Miam Miam.

02/07/15gee

Reboot ou remake ?

Le cinéma actuel a son vocabulaire bien à lui. Quelle est la différence entre un reboot et un remake ? Qu'est-ce qu'un spin-off ou une préquel ?

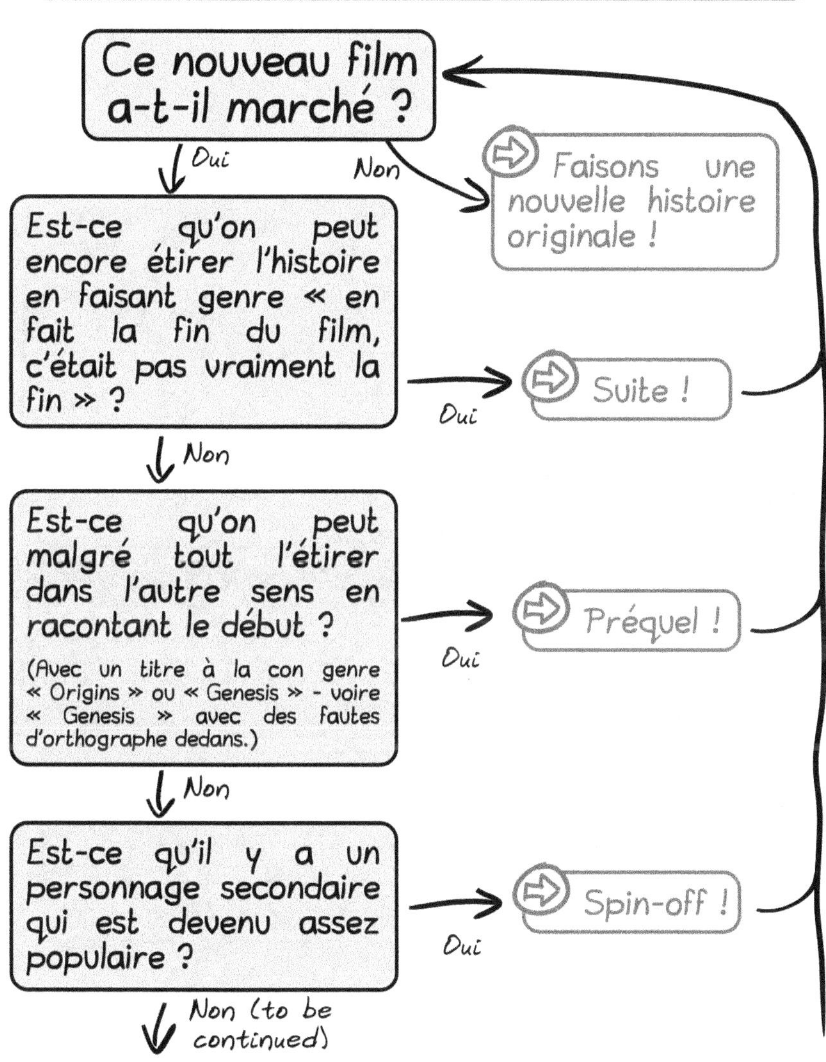

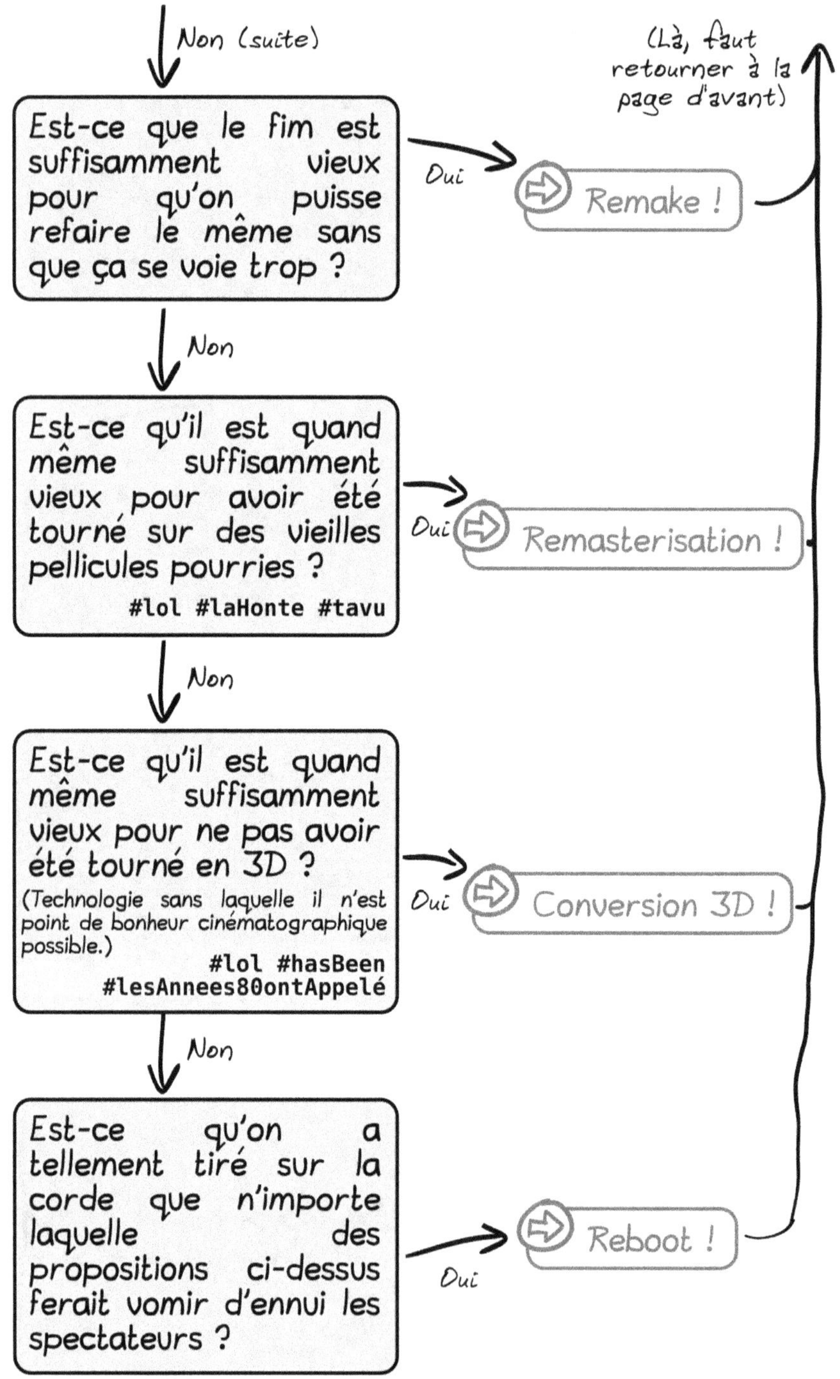

Non (suite)
(Là, faut retourner à la page d'avant)
Est-ce que le fim est suffisamment vieux pour qu'on puisse refaire le même sans que ça se voie trop ?
Oui
Remake !
Non
Est-ce qu'il est quand même suffisamment vieux pour avoir été tourné sur des vieilles pellicules pourries ?
#lol #laHonte #tavu
Oui
Remasterisation !
Non
Est-ce qu'il est quand même suffisamment vieux pour ne pas avoir été tourné en 3D ?
(Technologie sans laquelle il n'est point de bonheur cinématographique possible.)
#lol #hasBeen #lesAnnees80ontAppelé
Oui
Conversion 3D !
Non
Est-ce qu'on a tellement tiré sur la corde que n'importe laquelle des propositions ci-dessus ferait vomir d'ennui les spectateurs ?
Oui
Reboot !

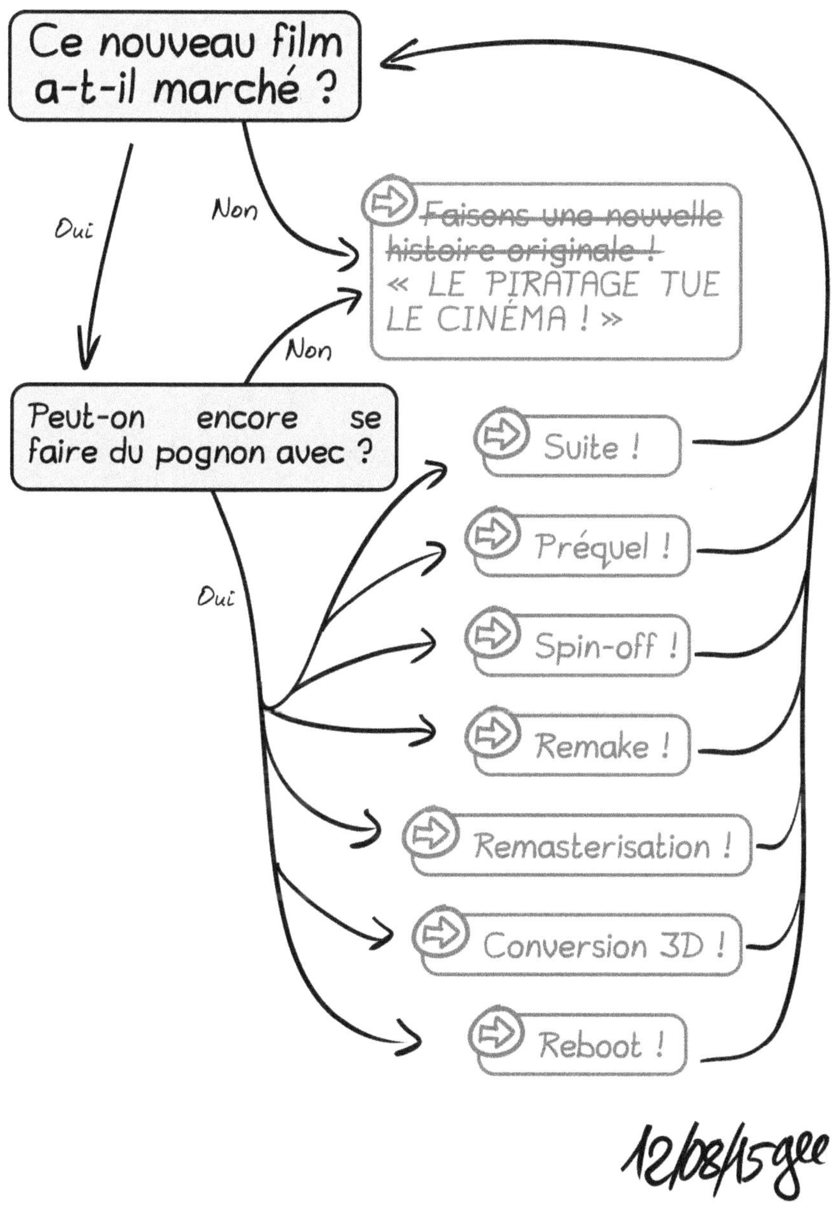
Attention, notez que c'est une vision très détaillée de la situation. Si vous êtes toujours perdu, voici une synthèse :
Ce nouveau film a-t-il marché ?
Oui
Non
Faisons une nouvelle histoire originale !
« LE PIRATAGE TUE LE CINÉMA ! »
Non
Peut-on encore se faire du pognon avec ?
Suite !
Préquel !
Spin-off !
Remake !
Remasterisation !
Conversion 3D !
Oui
Reboot !

Avez-vous construit un hoverboard ?

(Pour les deux incultes du fond, rappelons que le hoverboard est ce fameux skate sans roue qui plane à quelques centimètres du sol dans « Retour vers le futur 2 ».)

Régulièrement, on voit fleurir sur la toile des articles qui affirment que telle ou telle entreprise a réussi à concevoir un hoverboard. Tout fan de « Retour vers le futur » qui se respecte (et j'en suis un) ne peut alors que constater qu'un communicant 2.0 s'est encore foutu de lui (ou alors a une définition particulièrement tordue de « hoverboard »).

Comme j'ai le cœur sur la main* et que j'aime aider les commugnigny magnagneurs en mal de bubuzz, je me permets de leur fournir un guide pour savoir si oui ou non leur entreprise a construit un hoverboard.

* Ça pique, d'ailleurs.

Si votre prototype a besoin de la puissance de 3 centrales nucléaires pour fonctionner, s'il doit rester branché ou si sa batterie dure 3 minutes...

VOUS N'AVEZ PAS CONSTRUIT UN HOVERBOARD.

> ⚠️ Si votre prototype nécessite un terrain spécialement dédié et hyper-sophistiqué pour fonctionner...
>
> VOUS N'AVEZ PAS CONSTRUIT UN HOVERBOARD.

EXPECTETIONS vs REALITY

Si votre prototype fait 1 mètre de long sur 50 centimètres de large, pèse plus de 15 kilogrammes et est propulsé par 4 hélices ultra-bruyantes...

VOUS N'AVEZ PAS CONSTRUIT UN HOVERBOARD.

Si votre prototype est aussi stable que la finance mondiale et que seul un équilibriste qui a 20 ans de métier peut espérer tenir dessus plus de 10 secondes sans se viander...

VOUS N'AVEZ PAS CONSTRUIT UN HOVERBOARD.

Voilà. J'espère que le cahier des charges du hoverboard est plus clair maintenant et que vos futurs effets d'annonce, chers marketeux de mes deux, le seront tout autant.

Toujours motivés pour construire le hoverboard que Marty McFly utilise en octobre 2015 ?

Au moment de la parution de cet article, il vous reste 35 jours pour faire un skate planant compact, silencieux, autonome et stable.

Bonne chance.

Ah oui, et un dernier rappel... Dans le film, le hoverboard, c'est avant tout ceci :

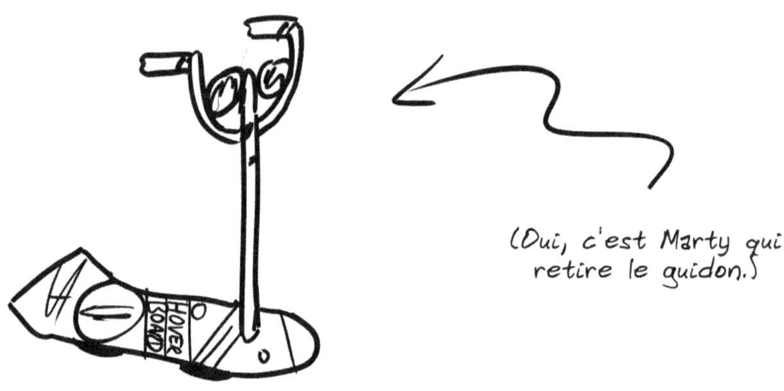

Pour simplifier, si vous cherchez désespérément à construire le hoverboard, je vous informe que vous vous lancez officiellement sur le marché (en plein essor) de la trottinette. Maintenant vous faites comme vous voulez.

Cordialement,

16/09/15 gee

Je hais le téléphone

Bon, okay. Je me dois d'expliquer ce titre et surtout de le préciser : ce que je déteste, c'est avoir une conversation au téléphone, surtout avec des gens que je ne connais pas.

Tout d'abord, une chose qui m'a toujours gonflé :

Le téléphone est préemptif sur tout le reste.

Même si vous êtes en train de faire autre chose, il est socialement acceptable de répondre à n'importe quel moment.

Franchement, si le téléphone était une personne, on ne prendrait pas la peine de répondre à ce rustre qui vous coupe en pleine conversation.

Oui je sais, avec un portable, on peut facilement refuser un appel.

Mais avec un fixe, admettez que c'est plus compliqué.

Sérieusement : le téléphone, c'est le pouvoir de faire du bruit chez n'importe qui, n'importe quand. C'est un objet démoniaque.

Et une fois que vous avez décroché, c'est pire !

Déjà, selon la qualité de la réception, l'accent et les bafouilles de votre interlocuteur, votre niveau d'attention... vous avez un risque non négligeable de ne pas comprendre une phrase.

C'est tellement pourri qu'on en est réduits à dire

DES PRÉNOMS

quand on doit épeler un truc au téléphone, pour être sûrs de ne pas confondre un D avec un B...

Ce qui va devenir de plus en plus compliqué
avec cette mode des prénoms débiles...

Personnellement, sur mon portable, c'est tout réfléchi :

Je ne réponds pas aux numéros inconnus/cachés.

Technique qui a l'avantage de me débarrasser de 100% des casse-gonades téléphoniques (démarcheurs, etc.).

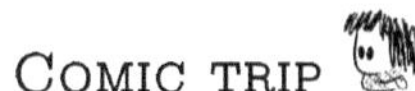

Technique à mettre de côté lorsque vous cherchez du boulot et que vous attendez l'appel d'un employeur potentiel. Ou quand vous attendez le livreur de pizza/sushis qui n'est pas foutu de trouver votre portail tout seul.

Je suis aussi passé maître dans l'art de fouiller les sites de fond en comble pour trouver un contact mail ou un formulaire et non un numéro de téléphone.

Et croyez-moi, y'a des sites où il faut être sacrément motivé : analyser le pied-de-page, trouver des pages de contact bien cachées, passer par toute la phase de questions pré-répondues pour montrer que NON, mon problème n'est pas déjà résolu par votre FàQ pourrie...

Aaaaaaah, le mail...

Prendre le temps de lire, de *réfléchir* à la réponse...

De formuler les choses pour être sûr d'être compris...

Pouvoir mettre de côté un message pour y répondre à tête reposée...

Attention, je ne voudrais pas passer pour un asocial : je déteste le téléphone, pas le fait de parler aux gens ! Si j'ai le choix, je préfère encore me déplacer pour parler face à face, ce que je trouve beaucoup plus confortable.

Et je ne résiste pas à l'idée de terminer cette BD par une petite anecdote absolument véridique qui m'est arrivée il y a peu.

Qu'à cela ne tienne ! Mon assurance a justement un bureau non loin de mon domicile !
Allons de ce pas leur rendre une petite visite impromptue !
Me voilà soudain de fort bonne humeur, dis-donc !

Mouui, alors votre dossier sur le véhicule blablabla... constat envoyé okay blablabla...
Mmh, attendez une seconde, il faut que je voie avec la personne qui gère votre dossier.

Espèce d'enflure...

Tu m'as bien eu...

09/11/15 gee

Yoda Master-Troll

Tout ce qu'il te faut savoir, déjà tu le s...
PARDON ?

Attends, et tout le cinoche que tu m'as fait la dernière fois, quand je voulais partir ?!

« Et nianiania ne pars pas Luke, nianiania t'as pas fini ta formation, Luke ! »

Et là j'me tape un voyage hyper-chiant dans mon X-Wing pourri pour entendre ça ?! J'ai plus besoin de formation ?! J'suis déjà un Jedi ?!
Oh non, pas encore. Il reste une épreuve...

Vador. Tu dois affronter Vador.
DE KOUWAAAA ?!

NAN MAIS J'HALLUCINE, ESPÈCE DE VIEUX SIPHONNÉ !
C'EST E-XA-CTE-MENT C'QUE J'AI FAIT L'AUTRE FOIS ET JE M'SUIS FAIT ENGUEULER !
Te calmer tu devrais, Luke...

« Moui nianiania t'es pas prêt à affronter Vador, Luke, nianiania tu peux pas encore maîtriser la Force, Luke. »
Et maintenant c'est bon je maîtrise la Force, tranquillou ?! Et en plus faut qu'je retourne voir Vador ?!

ET EN PLUS ON M'A DIT QU'IL AVAIT TUÉ MON PÈRE ALORS QU'EN FAIT C'EST LUI MON...
Attends mais ton père est mort d'un certain point de vue...

D'UN CERTAIN POINT DE VUUUUUE ?!
Vzzzzzouuuuuuuch !

ET CE POINT DE VUE-LÀ, T'EN PENSES QUOI, FUMIER ?!
RIIDUUF !
Yark !

Eh béh. Je l'avais pas vue venir, celle-là...
Vrrooooonnn...

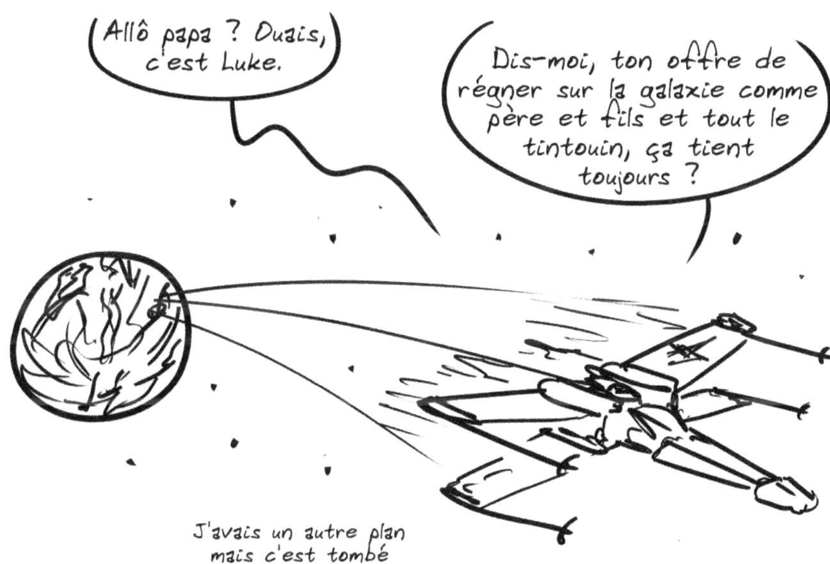
Allô papa ? Ouais, c'est Luke.
Dis-moi, ton offre de régner sur la galaxie comme père et fils et tout le tintouin, ça tient toujours ?
J'avais un autre plan mais c'est tombé à l'eau...
05/11/15gee

opinions

réflexion

science

savoir

Tu sais quoi ?

culture

apprendre

anecdotes

vulgarisation

La vulgarisation scientifique est un exercice passionnant mais délicat. Pendant trois longues années, j'ai dû comme beaucoup de gens essayer d'expliquer mon sujet de thèse d'informatique dont le seul titre rendait mes interlocuteurs dubitatifs.

Mais à l'heure où l'informatique devient omniprésente, il me semble important et même nécessaire de la rendre accessible, de la dédramatiser. Non pas dans l'espoir de transformer tout le monde en *geek* – ce qui n'est ni réaliste ni forcément souhaitable – mais bien pour donner quelques clefs afin de rendre un peu moins épais le brouillard qui, pour beaucoup de gens, entoure les nouvelles technologies. Parce que je ne me satisferai *jamais* de l'idée selon laquelle « les gens s'en foutent, ils veulent juste que ça marche ». Cessons de prendre « les gens » pour des cons : nous avons tous été ignorants, nous le sommes encore dans d'innombrables domaines. Et nous avons tous à apprendre les uns des autres, pourvu qu'on nous en donne l'occasion.

Je ne suis pas un professeur, juste quelqu'un qui connaît deux ou trois choses en science et en informatique et qui essaie de les diffuser au plus grand nombre. Avec l'espoir un peu fou que la technologie cesse d'être l'outil d'aliénation qu'elle est trop souvent pour devenir un outil d'émancipation.

Et je dis cela en toute modestie car je suis bien conscient de la goutte d'eau que représente ce recueil : mais si entre deux blagues idiotes, un peu de savoir passe, alors j'aurai atteint mon but. Et je présente d'avance mes excuses aux initiés qui sauteront parfois au plafond en lisant les inévitables approximations et inexactitudes qui se seront glissées dans mes textes.

Les ordinateurs sont cons

Alors je vais vous dire un secret...

Approchez...

Hééé, pssst...

Allez quoi, approchez-vous, didjou...

Un smartphone, ou n'importe quel
type d'ordinateur, bah en fait...

C'EST CON.

(*Et même prodigieusement con.*)

Bon, d'accord. Votre ordinateur peut vous impressionner.
Il peut faire des trucs assez fous.

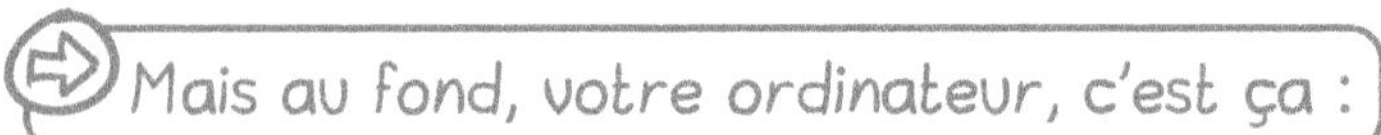

À ce stade de l'article, vous pouvez crier au troll,
mais je me permets d'insister. Sur le principe, un ordinateur
ou un *phone* (aussi *smart* qu'il soit)...

...c'est un boulier d'il y a 4000 ans.

Oui mais non. Il a juste été entraîné pour.

(Et j'vous raconte pas la galère pour entraîner un machin qui ne raisonne qu'avec des nombres !)

Si on arrive depuis quelques années à faire des trucs compliqués comme de la reconnaissance faciale de manière pas dégueu, c'est parce qu'on s'est cassé la tête pendant des années à développer l'*apprentissage* des machines.

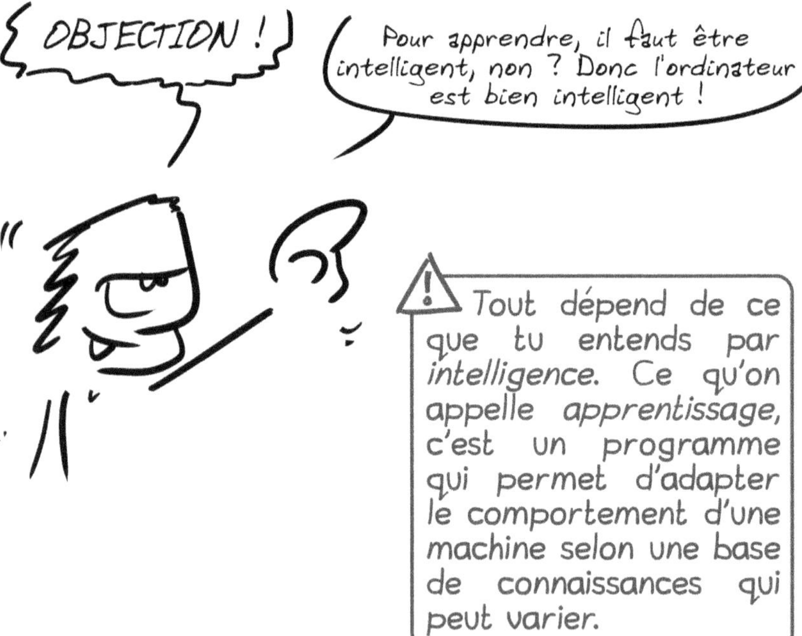

(Au passage, pensez à apprendre la politesse à votre ordinateur.)

Ce qui est intéressant ici, c'est que l'apprentissage peut éventuellement se poursuivre par la suite : en détectant un nouveau visage, la machine peut ajuster le modèle qu'elle s'en était fait.

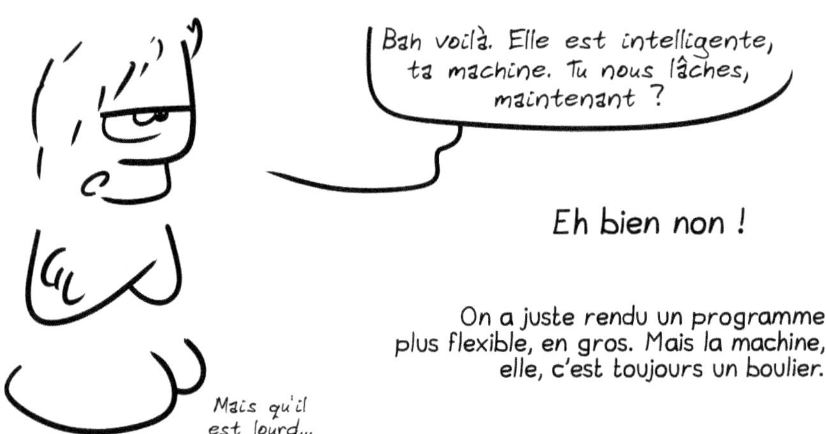

Je suis lourd, mais un ordinateur est tellement con qu'il ne connaît à peu de choses près que les trois opérations suivantes :

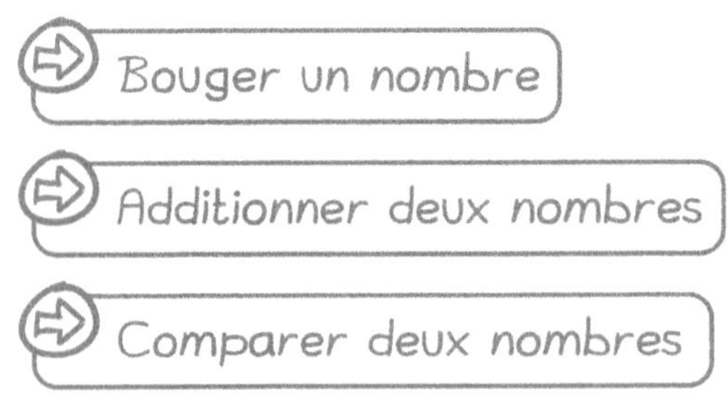

Il peut aussi faire deux-trois trucs comme initialiser des nombres et « sauter » à un autre endroit d'un programme...

Et c'est tout.

Non non, je n'exagère pas, absolument tout ce que vous utilisez comme outil informatique n'utilise que ces quelques opérations.

Bon, je ne vais pas vous cacher que si les ordinateurs étaient « juste » cons, on ne s'en trimbalerait pas plein les poches comme aujourd'hui. Vous êtes peut-être bien plus intelligent que votre ordinateur (si si, ne soyez pas modestes), mais lui a un atout absolument imparable...

La vitesse.

Un ordinateur peut donc faire une tâche à une vitesse incroyable, à condition que cette tâche soit facilement décomposable en opérations mathématiques simples. Du coup, l'humain et l'ordinateur n'ont pas les mêmes facilités...

C'est parce que l'ordinateur peut faire des milliards d'opérations par seconde qu'on arrive à faire des programmes très sophistiqués juste en bougeant et en additionnant des nombres.

Tout l'enjeu de l'informatique, c'est d'arriver à retranscrire notre intelligence dans un langage que l'ordinateur peut comprendre.

INTELLIGENCE
(humain)

+

VITESSE
(machine)

=

DOUBLE RAINBOW
(informatique)

Le truc, c'est que ce n'est pas de la tarte !

Et c'est pour ça que des trucs très simples comme reconnaître des visages sont encore des problèmes sur lesquels on se casse les dents (même si on s'en sort de mieux en mieux).

Oui, l'ordinateur est con. S'il fait des choses incroyables, c'est parce qu'il a été préparé par une personne qui, elle, est vachement intelligente...

Le programmeur.

(Et non pas le programmateur, qui est un appareil servant à planifier des événements et qui, comme tout appareil, est donc stupide. Vous suivez ?)

Si l'intelligence d'un programme vient de son concepteur, le contraire est vrai : un bug, ce n'est pas l'ordinateur qui se plante.

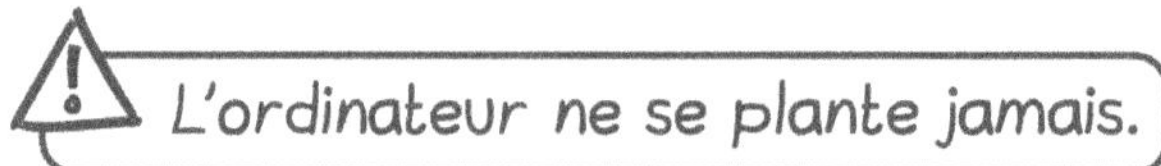

Si quelque chose se passe mal, c'est que le programmeur a mal expliqué à l'ordinateur ce qu'il devait faire ou a oublié de gérer tel ou tel cas. La population est d'ailleurs scindée en deux catégories face aux bugs :

Mais je divague.   Vague.   Les bugs, on en parlera une autre fois.

Mais votre ordinateur, au final, ce n'est qu'un con qui court très vite.

Votre ordinateur, ce n'est pas Albert Einstein.

C'est Forrest Gump.

Beaucoup de bruit pour... tout

Mais en fait...

C'est quoi, le bruit ?

Oui et non. *En fait ce n'est pas nécessairement un son (mais on y reviendra).*

C'est effectivement quelque chose qui dérange...

Ou plutôt, quelque chose qui *ne nous intéresse pas.*

Ce qui nous *intéresse,* par opposition, on appelle ça un signal :

Et selon la force du signal, un *même* bruit
peut être plus ou *moins* dérangeant :

On parle donc de *rapport signal sur bruit*,
une grandeur qui mesure la force d'un bruit
relativement au signal.

Yippie-ki-yay, motherfucker !
Rapport signal sur bruit élevé
J'suis sûr qu'en fait, Bruce Willis il est mort…
Je vois des gens qui sont morts…
Krounch krounch krounch…
T'as vu la perche dans le plan, Michel ?
UNE PINTE POUR LA 14 !
Vous pouvez monter le son d'la télé ?
C'est à fond !
bla bla bla bla bla bla bla bla bla bla bla bla bla bla bla bla bla ou ou ou
Rapport signal sur bruit faible

Qu'est-ce que le bruit, alors ?

C'est ce que l'on ignore volontairement pour retrouver l'_information_ qui nous intéresse.

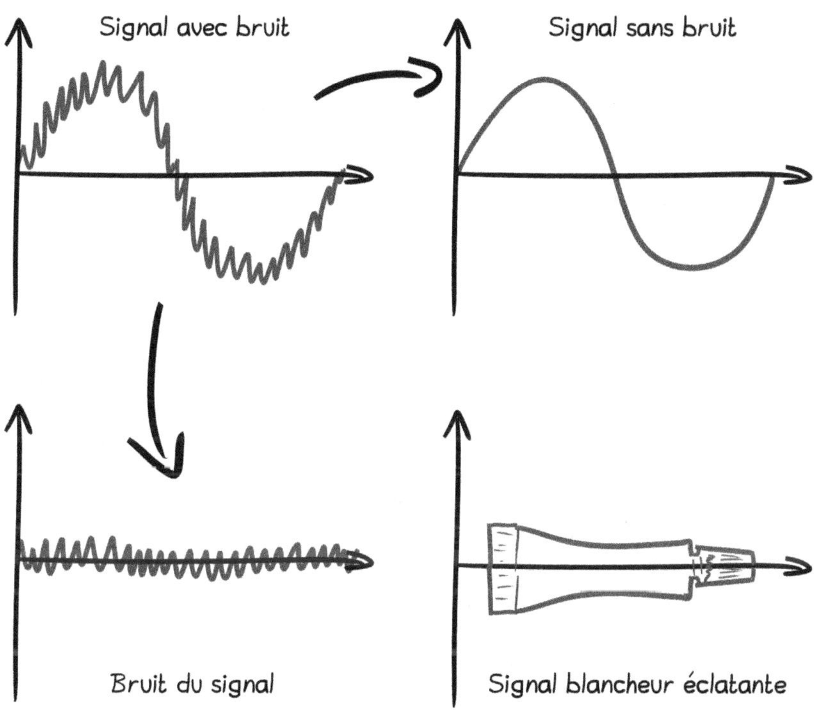

(Non, cet article n'est pas sponsorisé, mais je signale à _Signal_ - haha - que s'ils veulent m'envoyer du pognon, les liens sont au début du livre. Merci.)

Un bruit peut donc se *manifester ailleurs que dans un son*. Pensez par exemple à ce que l'on appelle des parasites sur une télé mal réglée.

Image claire   Image bruitée

En fait, on peut même parler de bruit dès lors que l'on cherche une information.

Ce qui ne nous intéresse pas, c'est du bruit !

Exemple d'un célèbre site ferroviaire français au *rapport signal sur bruit* très faible et dont je vous laisse le soin de trouver le nom. Indice : ce n'est pas *Capitaine Train*.

(Non je ne suis pas plus sponsorisé par *Capitaine Train*.)

Pour finir, remarquons qu'il existe des cas où un bruit est isolé et où il ne perturbe aucun signal, aucune information :

Radio mal réglée

(on n'entend que du bruit)

Télé mal réglée
(la fameuse neige)

Téléréalité

Nan mais tu vois, j'voulais pas que j'suis nominé, t'as vu.

En fait, Einstein se trompait

Alors mettons les choses au clair tout de suite...

Il y a peu de chances que des théories aussi importantes que celles d'Einstein sur la relativité s'avèrent fausses un jour. Déjà, pour une raison tellement simple qu'elle en est presque chiante :

* It works, bitches.

Certes, il y a toujours une probabilité non-nulle que l'on explique des phénomènes observés par une théorie fausse. Mais plus la théorie est solide et corroborée par l'expérience, plus cette probabilité devient faible.

Ce qui peut par contre arriver, c'est que l'on trouve un contre-exemple à une théorie que l'on pensait universelle.

Notez que là, en l'occurrence, c'était les scientifiques qui se plantaient (erreur de mesure).

Mais imaginons un instant qu'une particule ait effectivement été observée voyageant plus vite que la lumière...

Mais forcément, expliquer qu'une théorie peut être vérifiée dans certaines conditions et cesser de l'être dans d'autres, c'est moins vendeur que « *EN FAIT LA SCIENCE C TRO DES NULS LOL TAVU* ».

Eh bien par exemple, l'observation du sol nous montre que la Terre est plate. On l'a légitimement cru pendant un certain temps.

Tout simplement parce qu'à échelle humaine, le rayon de la Terre est si énorme que la courbure n'est pas visible sous nos pieds.

Considérer que la Terre est plate est donc valable localement : il ne nous viendrait pas à l'idée de prendre en compte la courbure d'une planète pour construire une commode...

Par contre, quand on commence à travailler sur de longues distances, négliger la courbure de la planète n'est plus justifié...

> Eh bien pour Newton et Einstein, c'est un peu la même idée : lorsque les vitesses observées sont très inférieures à la vitesse de la lumière et que les champs de gravité sont faibles, la théorie de la gravitation de Newton marche très bien. Par contre, dans le cas contraire...

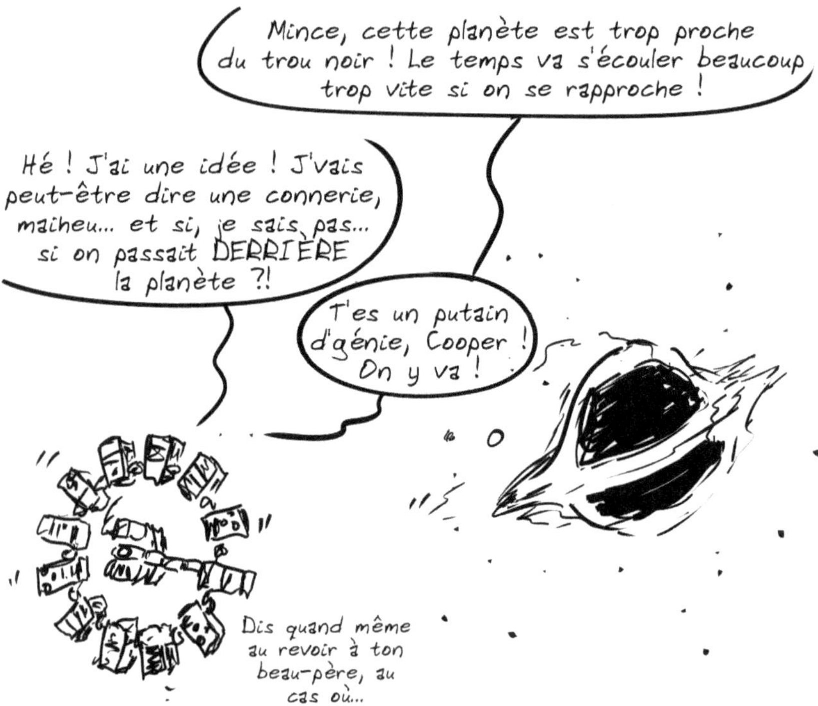

Amour numérique

Vous me connaissez, je ne suis généralement pas fan des traductions françaises tardives et calamiteuses de mots anglais largement installés dans notre langage courant...

⚠ Mais il y a un autre truc qui m'agace tout autant : l'usage de mots anglophones là où il existe des mots français courants et parfaitement utilisables.

Il y en a un, très populaire, dont nous sommes nombreux à pourfendre l'usage sans relâche (jusque dans cette BD) :

DIGITAL.

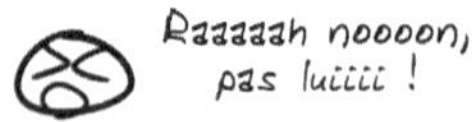

Eh oui, car n'en déplaise à nos communicants 2.0, si l'opposé de l'anglais « analog » est bien « digital », en français on dit « analogique » et...

NUMÉRIQUE !

(Le mot « digital » français se rapportant alors aux doigts, et la chanson Digital Love de Daft Punk ne parlant pas de masturbation.)

Il est assez amusant de constater qu'étymologiquement, « digital » aurait pu être le terme logique en français... si nous avions utilisé le mot « digit » !

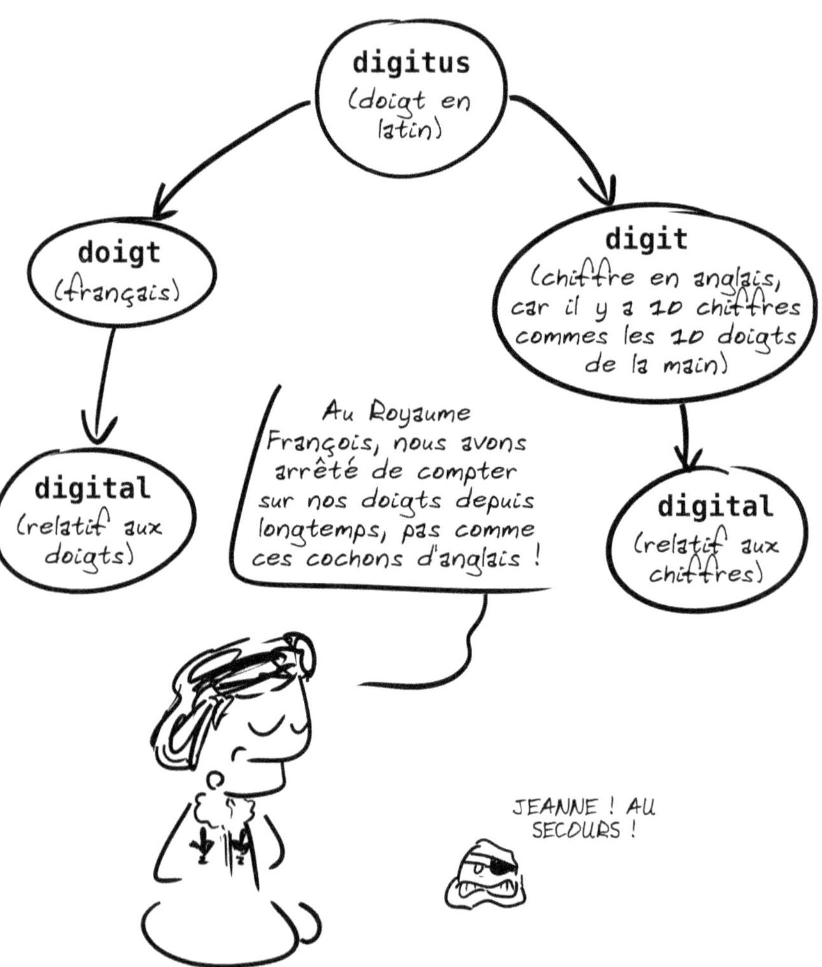

Mais en français, comme le mot « digit » n'existe pas, la racine latine « digitus » ne possède aucune connotation... numérique !

Ce qui n'a d'ailleurs aucune importance puisque « numérique » ne vient bien sûr pas de « chiffre » mais de « nombre », du latin « numerus ».

Bref... pour une fois que nous avons un mot français

qui existe, qui a du sens et qui est déjà répandu...

Utilisons-le !

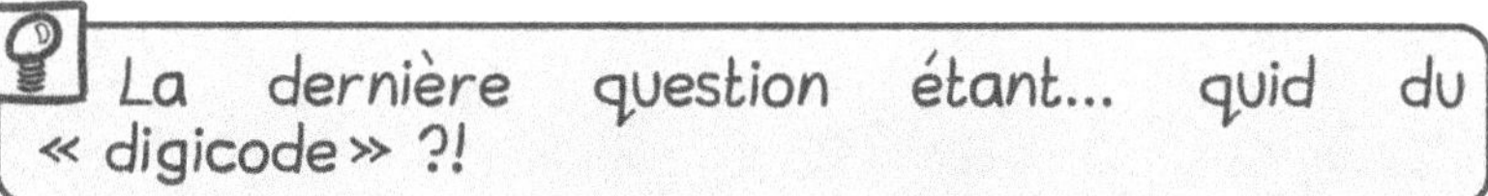

* SOciété du PApier LINge. Farpaitement.

Bit, byte, bitten

Avec la démocratisation de l'informatique (ouais, j'suis comme ça, des fois j'utilise des mots comme « démocratisation » pour me la péter) **nous entendons régulièrement les mots bits, octets, etc.**

> Seulement, les complexités techniques se mélangent aux subtilités des langues, comme cela arrive souvent. Du coup, c'est parfois un beau *merdier* dans la tête des gens (si si, ne niez pas).

Mettons de côté ces histoires de « méga », « kilo » ou « giga » pour nous concentrer sur l'essentiel :

Qu'est-ce qu'un bit ?

> Bit signifie « Binary digIT », soit « chiffre binaire ». En gros, c'est le plus petit élément de comptage en informatique. Il peut prendre deux valeurs interprétables différemment selon le contexte :

Interrupteur

FERMÉ / OUVERT

Numérique

1 / 0

Grand banditisme (ou finance)

LA BOURSE / LA VIE

Logique

OUI / NON

Logique normande

OUI / NON / PEUT-ÊTRE

> ⚠ Notez que l'abréviation courante du bit n'est PAS la lettre B majuscule. On préfère le b minuscule voire même l'utilisation du mot « bit » complet (exemple : kb ou kbit pour kilobit).

De manière générale, si vous avez une utilisation « grand public » de l'informatique, vous parlerez rarement de bits. On les utilise surtout pour mesurer des valeurs bas-niveau ou matérielles, comme la capacité d'adressage d'un processeur ou les vitesses de bus (un bus étant, en informatique, un ensemble de canaux de transmission de données).

(Keanu Reeves sur le tournage du remake/suite/mashup de Speed et Matrix combinés.)

En langage courant, nous comptons avec des nombres composés de chiffres. En informatique, nos bits (équivalents des chiffres) sont généralement pris par groupes de huit pour former les fameux octets (équivalents des nombres).

La grande source de confusion, c'est qu'octet se dit « byte » en anglais (prononcé « baïte »).

Note : en réalité le mot « byte » est plus général que le mot « octet » et désigne un groupe de bits qui peut avoir une taille différente de huit. En pratique, l'utilisation de bytes de huit bits s'est tellement généralisée avec le temps qu'on confond souvent byte et octet.

Et comment abrège-t-on byte, à votre avis ?

Bingo, par un B majuscule ! D'où la confusion entre kb (kilobit) et kB (kilobyte). Lorsque vous lisez MB, il s'agit bien de mégabytes et non de mégabits !

Voilà, donc 350MB et 350 Mo (un petit o pour octet), c'est la même chose, c'est 350x8 millions de bi...

Ah. Oui.

Bon. Effectivement, il y a aussi cette histoire qui est compliquée...

Mais nous en parlerons la prochaine fois !

Dites adieu aux kilos en trop !

(Voilà, si vous êtes tombé dans le panneau de cet odieux clickbait, vous pouvez fermer ce chapitre et reprendre une activité normale.)

Si vous avez déjà acheté un support numérique (clef USB, disque dur, etc.), vous avez sans doute fait l'expérience suivante :

Eh bien pas du tout ! En fait, cette différence de 30 mégaoctets vient juste du fait que les fabricants de supports numériques et les systèmes d'exploitation n'utilisent pas toujours la même définition des mots « kilo », « méga », « giga », etc.

Enfin, du coup...

Oui, en fait c'est de l'arnaque.

Puisqu'on joue volontairement sur l'ambiguïté de termes techniques.

Il se trouve qu'en informatique, on a cette manie de compter en base deux et de tout grouper par puissances de deux.

Du coup, lorsqu'on s'est aperçu que 2^{10} (1024) était assez proche de 10^3 (1000, soit un kilo), on a abusivement utilisé le terme kilo... sans se rendre compte de l'énoÔorme imbroglio que cela allait provoquer par la suite.

Et puisque c'était très pratique, on a généralisé le principe aux puissances supérieures.

Seulement voilà, à chaque préfixe, on multiplie par 1024 au lieu de 1000 et l'erreur devient donc de plus en plus grande... Si elle était acceptable à l'époque des disquettes, elle devient beaucoup plus gênante à l'heure où le téra se généralise.

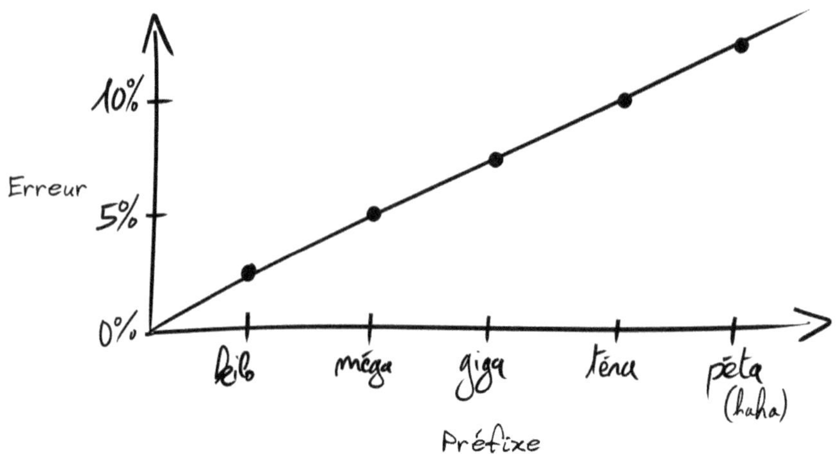

J'veux dire... Imaginez un peu ça dans un autre contexte :

* C'est-à-dire 83003 grammes, c'est bien connu.

On a fini par prendre le problème en main : en 1998 (oui, on a mis le temps) sont introduits les préfixes binaires pour mettre un terme aux ambiguïtés.

C'est pour cela que vous voyez parfois apparaître les symboles Mio, Gio ou Tio qui signifient respectivement mébioctet, gibioctet et tébioctet.

Sauf que bien entendu, cette norme reste très très peu connue. Et entre les constructeurs qui prennent bien soin de l'appliquer à la lettre en utilisant la version la plus avantageuse pour eux et certains systèmes d'exploitation qui continuent à parler de kilo pour 1024...

Pour savoir exactement comment fonctionne le système que vous avez sous les yeux, comparez les versions abrégées des tailles de vos fichiers avec les versions complètes (en faisant un clic-droit puis « Propriétés » par exemple) :

Si vous lisez	Ça signifie que
10 Mo (10 000 000 octets)	Votre système compte en décimal
10 Mio (10 485 760 octets)	Votre système compte en binaire
10 Mo (10 485 760 octets)	Votre système compte en binaire et se fout des normes (vous devriez en changer)
10 Mio (10 000 000 octets)	Votre système vous prend pour un con

Voilà. J'espère que vous y voyez plus clair.

(Ou alors si vous trouvez que tout ceci est sacrément incompréhensible, au moins maintenant vous savez pourquoi.)

> ⚠ Terminons cet article en évoquant une catégorie de psychopathes qui ont heureusement déserté le paysage informatique depuis pas mal de temps : les fabricants de disquettes.

* Authentique. #noShit

02/09/15 gee

Aux confins de l'espace

Il existe une technique très simple pour contredire un interlocuteur sur Internet lorsque l'on n'a plus d'argument : le reprendre sur une faute d'orthographe ou de grammaire quelconque.

Penchons-nous donc aujourd'hui sur ce fameux caractère qu'est l'espace insécable. Et sur l'espace tout court aussi d'ailleurs.

Première chose qui va vous retourner le slibard si vous l'ignoriez : espace (dans le sens typographique) est un mot féminin. Si si, vous pouvez vérifier.

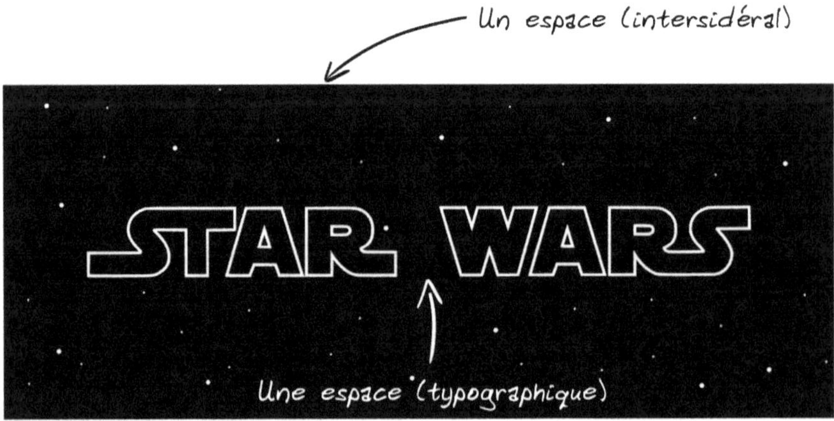

On distingue couramment l'espace habituelle (avec deux-L-E à la fin, n'oubliez pas) de l'espace insécable. Notez qu'à première vue, les deux se ressemblent quand même vachement.

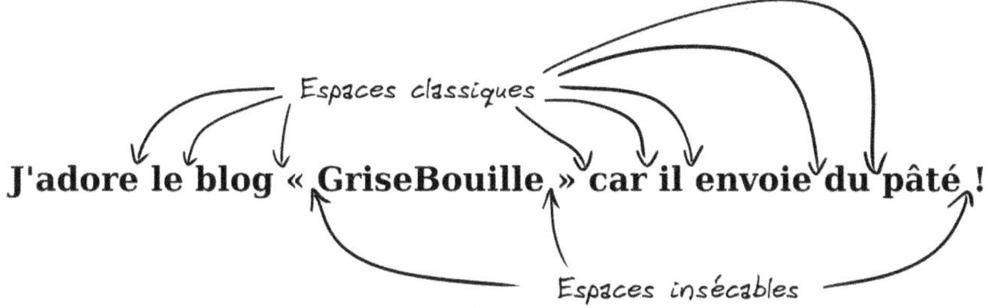

Mais contrairement à l'espace classique, l'espace insécable (comme son nom l'indique), ne peut pas être... ? Ne peut pas être ? Alors alors ?

Oui, l'espace insécable ne peut être coupée ou cassée.

On parle d'ailleurs de « non-breakable space » en anglais.

Une espace incassable, en fait. Ça fait rêver...

On utilise l'insécable avant ! ? » : ; ou encore après «. Notons que l'association de l'insécable à certaines ponctuations est une particularité de la langue française (et encore, pas dans tous les pays francophones).

* #trueStory de ouf, vous pouvez vérifier aussi.

Oui. Bon. Bah j'ai pas que ça à faire non plus, hein.

Foutez-moi la paix ou je ressors les guillemets anglais !

Vous m'agacez à la fin !

URL uberlu

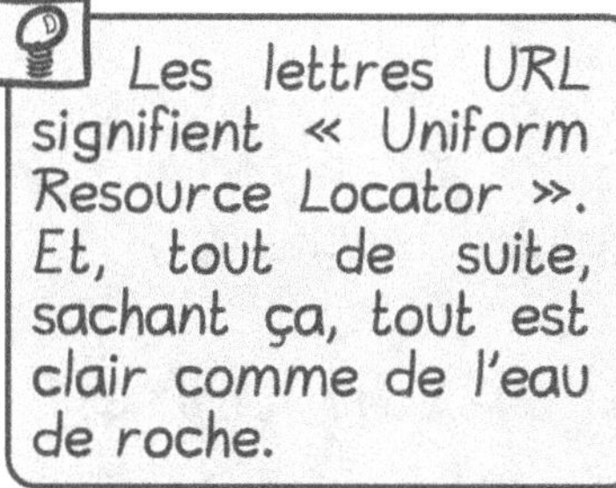

L'URL, c'est ce qu'on appelle informellement « l'adresse » d'une page web.

C'est ce truc imbitable souvent affiché au-dessus de la page web.

↓

Enfin, à moitié faux.

C'est effectivement plutôt moche.

Mais c'est très utile si on sait la lire !

Et ça n'est pas compliqué du tout.

> Gardons l'analogie de l'adresse. Comme une adresse postale, ça se lit (en partie) à l'envers : la partie la plus importante, c'est ce qu'on appelle le nom de domaine.

`https://fr.`**`wikipedia.org`**`/wiki/Uniform_Resource_Locator`

* En vrai, Internet Explorer aussi le met en évidence, mais il faut que je le vanne quand je parle de navigateur. C'est pavlovien.

Le nom de domaine est la partie la plus importante car elle vous dit sur quel site vous êtes. C'est un peu l'équivalent de la ville et du pays sur une adresse postale.

Le `.org` est l'extension et signifie « organisation », c'est-à-dire un site associé à une organisation non-lucrative, par opposition au `.com` qui désigne un site « commercial » (même s'il est dans les faits utilisé un peu par défaut).

Maintenant qu'on connaît l'extension (pays) et le domaine (ville), on peut éventuellement regarder le sous-domaine (rue).

Le sous-domaine n'est pas forcément présent et pas forcément très important.

Par contre, faire la différence entre le domaine et le sous-domaine peut vous sauver de 90% des attaques/arnaques en ligne qu'on appelle « phishing » ou « hameçonnage ».

Une tentative de phishing, c'est ça :

La première chose à regarder ici, c'est l'URL !

Car il est très important de faire la différence entre une adresse honnête comme celle-ci :

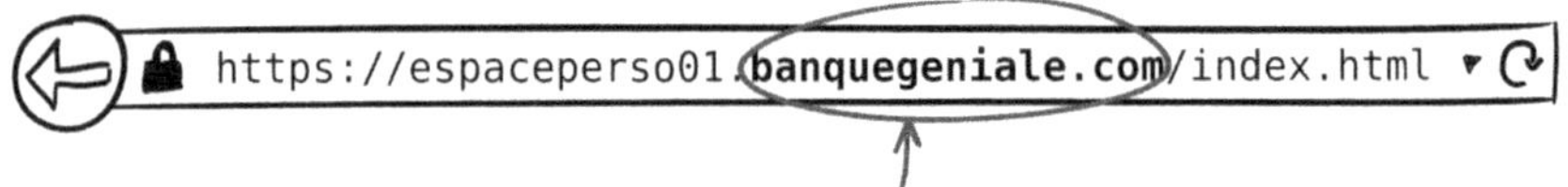

Appartient à la personne détentrice
de **banquegeniale.com** — a priori, à Banque Géniale :
si vous n'êtes pas sûr, vérifiez !

Et une adresse utilisée pour vous arnaquer, comme celle-ci :

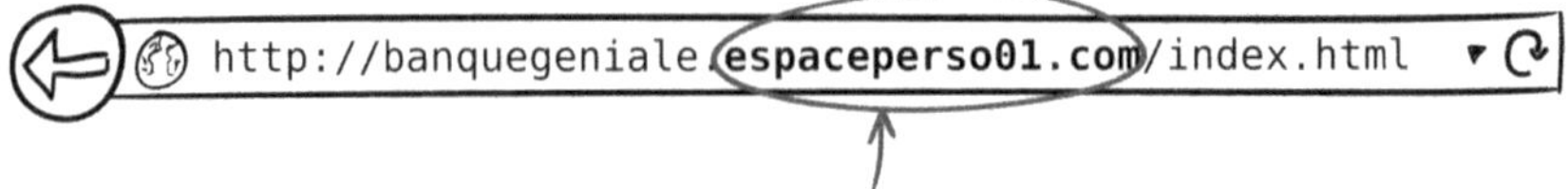

Appartient à la personne détentrice
de **espaceperso01.com** — c'est-à-dire n'importe qui !

Pour reprendre l'analogie de l'adresse postale, c'est un peu comme si vous lisiez ce genre de chose :

Et autant il semble difficile de créer une nouvelle commune appelée « Impasse Moile-Sel » en France,

(c'est bien dommage d'ailleurs, moi j'adorerais vivre à Impasse Moile-Sel, mais la question n'est pas là)

autant acheter un nom de domaine du genre **espaceperso01.com** est très facile et ne coûte pas grand chose.

> ⚠ Vérifiez TOUJOURS que vous vous trouvez sur le bon site avant de communiquer quoi que ce soit sur Internet !

On continue de prendre l'URL à rebours pour arriver au protocole.

Si vous vous limitez aux pages web, vous croiserez a priori surtout du HTTP et HTTPS.

Le protocole HTTPS a en effet l'avantage d'être sécurisé par chiffrement : un autre bon réflexe à avoir avant de transmettre des données sensibles est donc de s'assurer que le protocole est bien en HTTPS.

(Sinon, cela veut dire que les données transitent en clair sur le réseau et qu'il est donc facile pour une personne malveillante de les lire).

Notez que le protocole HTTPS assure simplement le chiffrement des communications : il ne garantit pas du tout que le site visité est digne de confiance !

En continuant l'analogie, le protocole indique le véhicule utilisé pour aller à l'adresse voulue.

En d'autres termes, le HTTPS a
peut-être des vitres teintées, mais *rien ne vous dit qu'il*
n'y a pas un gros pervers sur la banquette arrière.

On termine par tout ce qui se trouve à droite de tout ce bazar (et qui pour le coup, se lit de gauche à droite) : dans l'analogie qui doit sérieusement commencer à vous gonfler, ça serait les indications pour le livreur (premier étage, dernière porte à gauche, etc.).

Bon, sauf que comme votre navigateur n'est pas vraiment un livreur, en général il ne les ignore pas en laissant un avis de passage. BOUYAH.

Dans les faits, ben à ce niveau, c'est un peu open bar.

En général, c'est une bête arborescence de dossiers/fichiers comme sur votre disque dur (sauf que là, c'est celle du serveur que vous voyez).
https://owncloud.chezmoi.net/photospourlegroscon/DCIM2432.jpg
Dites, j'ai bien reçu votre fichier.
Je crois qu'il faut qu'on parle...

Parfois, ça peut être un nom ou un raccourci pour identifier facilement une page (comme sur Wikipédia ou sur ce blog).
https://huit.re/caca
Aaaah, bah voilà ! Là c'est clair, je sais que ça va être un site de qualitay !

Enfin, on y voit parfois des textes abscons qui ne sont pas sans évoquer l'art moderne le plus indigeste.

M'enfin rappelez-vous que ça
reste beaucoup moins inquiétant que
http://banquegeniale.espaceperso01.com/.

*Et pas seulement parce qu'une banque géniale,
c'est de la science-fiction.*

actualité

logiciel libre

informatique

libertés

Dépêches Melba

veille

nouvelles

culture libre

droit d'auteur

Framablog

L'un des rendez-vous les plus suivis du précédent blog *Le Geektionnerd* était l'article du vendredi qui avait la particularité d'être centré sur un sujet d'actualité du Logiciel Libre et des Cultures Libres et d'être publié conjointement sur le *Framablog*. Lorsque plusieurs sujets d'actualité étaient traités en un seul article, j'avais pris pour habitude de le dénommer « Dépêche Melba », un titre qui n'a pas d'autre prétention que le jeu de mot foireux qu'il embarque.

Lorsque j'ai lancé *Grise Bouille*, continuer à dédier une section à l'actualité du Libre me semblait parfaitement indiqué et c'est naturellement que ce titre s'est imposé. Puisque le rythme du blog est beaucoup plus lent, le rendez-vous a par contre cessé d'être hebdomadaire et même régulier.

Chaque article est bien sûr très lié à son actualité, mais contrairement à la section *La Fourche* (page 191), le contexte me semble généralement suffisamment explicite pour ne pas avoir à l'introduire en préambule. Internet reste, dans tous les cas, un bon moyen d'en savoir plus si un sujet particulier vous intéresse !

J'aime le logiciel libre

Aujourd'hui, c'est la Saint Valentin !

Encore une occasion de choisir un camp et de
tenir sa position envers et contre tout.

La *Free Software Foundation Europe* (FSFE) a choisi de rejoindre ce dernier camp pour l'étendre à l'amour des logiciels libres et de leurs développeurs !

Que vous soyez célibataire, en couple, en trouple ou autre...

(Je tiens à être le moins discriminant possible...)

Aujourd'hui, mettons nos
différences et nos trolls de côté...

...et unissons nos voix pour dire un grand

aux développeurs de tous ces merveilleux logiciels que nous utilisons chaque jour librement et sans qui notre vie informatique serait si différente...

Chers développeurs, chers traducteurs, chers graphistes, chers donateurs, chers mainteneurs, vous tous qui donnez de votre précieux temps pour les logiciels libres...

Tu quoque Firefox

Firefox est depuis longtemps un porte-étendard du logiciel libre et de ses valeurs.

(Exemple de deux sensibilités libristes différentes.)

> Mais Firefox a récemment mis le doigt dans un engrenage dangereux...

(Exemple de sensibilité libriste particulièrement chatouilleuse.)

Précisons qu'a priori, Firefox acceptera
les extensions non-signées... dans ses versions
de développement.

Ce qui ne résout donc pas le problème.

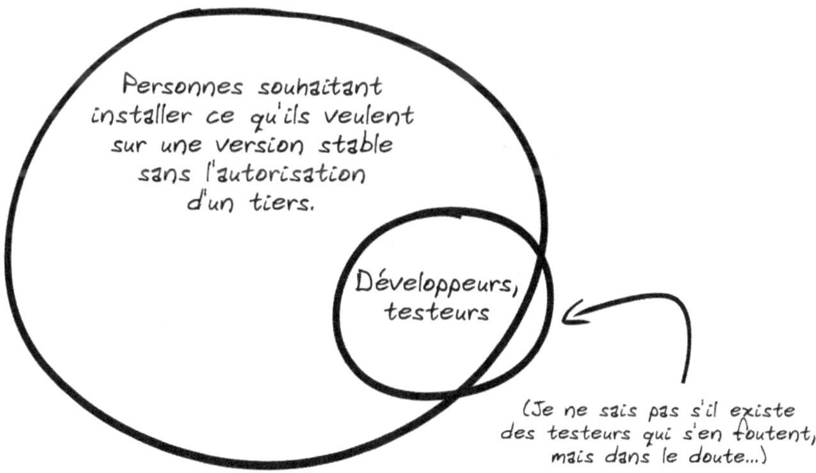

Ce qui est terrible, c'est que non seulement *Firefox* devient ainsi plus verrouillé qu'un *Android* de base non-rooté...

...mais qu'en plus, cela n'a pas l'air d'émouvoir la communauté du Libre outre mesure.

(Cet exemple est décidément très chatouilleux et devrait probablement consulter un spécialiste ORL.)

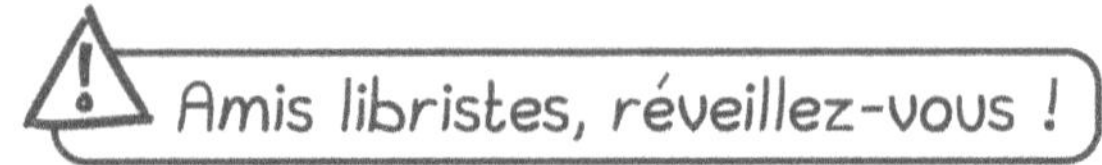

Cette démarche, à l'opposé de l'esprit du logiciel libre,
vous ferait HURLER dans n'importe quelle autre situation.

Réponse acceptable · Réponse inacceptable

```
ingenu@newbie:~$ sudo rm -r /*
[sudo] password for ingenu:

Attention : vous êtes sur le point
de supprimer tous les fichiers de
votre système. Probabilité de
perdre tout = 100%. Risque de
pétage de plomb élevé. Vous allez
faire une connerie. Sérieux, ne
faites pas ça.

Êtes-vous sûr de vouloir commettre
un suicide informatique ? [o, N]
```

```
ingenu@newbie:~$ sudo rm -r /*
[sudo] password for ingenu:

Plutôt mourir (enfin... tu vois ce
que je veux dire).
ingenu@newbie:~$
```

Bien sûr, il existe d'autres navigateurs libres.

Bien sûr, les plus réfractaires forkeront
probablement *Firefox* en version déverrouillée.

Mais quand même... *Firefox*, je t'aime, mais là...

Tu crains.

Des tablettes à l'école ?

Mais je ne voudrais pas passer pour un vieux con du haut de mes 26 ans...

Tout récemment, l'Éducation Nationale a publié un programme précisant qu'il fallait apprendre aux élèves de maternelle à utiliser une tablette.

Je n'irai pas par quatre chemins.

C'est une idée à la con.

Et pas seulement parce que personnellement, je n'ai jamais trouvé d'utilité aux tablettes...

Mais parce que *même lorsque je parle avec des gens
qui en ont une*, voici ce que j'entends toujours :

Précisément ! Une tablette, ça n'est pas un outil de travail. C'est tout au plus un outil de consommation passive.

Ce n'est pas que ce soit fondamentalement mal. Mais dans ma tête,
le boulot de l'école, ce n'était pas d'apprendre aux gamins à consommer.

Ce que le Ministère s'imagine :

AVANT

MAINTENANT

La réalité :

AVANT

MAINTENANT

Alors bien sûr, la télé peut être utile dans l'éducation : quel prof de physique n'a jamais passé un « C'est pas sorcier » à ses élèves ?

Mais je vous laisse imaginer les réactions si un ministre avait déclaré dans les années 80 :

La réalité, c'est que les tablettes sont des objets de divertissement souvent hors de prix, ultra-verrouillés et conçus pour ne nécessiter aucune compétence, pour être utilisés en réfléchissant le moins possible.

Et pourtant, si on voulait vraiment éduquer les mômes au numérique, il y aurait de quoi faire !

Personnellement, j'ai eu l'occasion, à plusieurs reprises, de présenter *Scratch* à des élèves (de la 6e à la terminale). *Scratch*, c'est un logiciel libre développé par le MIT, pour apprendre de manière ludique la programmation aux enfants et ados sans qu'ils aient besoin de connaître un langage.

Ce n'est qu'un exemple, mais ça marche toujours.
C'est simple à mettre en place et les mômes adorent.

Il n'est pas question d'en faire tous des programmeurs, mais ça les aide à comprendre vraiment le numérique : ce que c'est, comment ça fonctionne, pourquoi quand on clique, ça bouge !

> TOUT LE CONTRAIRE D'UNE TABLETTE !

L'outil, c'est un faux problème.

Combien ont appris à programmer au tableau avec un marqueur ?

Vous n'avez pas de salle info avec des ordinateurs
pour utiliser Scratch avec vos élèves ?

Proposez leur le jeu de l'enfant-robot !

Si le numérique ne demande pas de moyens autres qu'humains pour
être abordé, pourquoi alors tient-on à nous refourguer des
tablettes partout ?

C'est simple : ça permet de remplir les sites
du Ministère de jolies photos d'élèves émerveillés
par la technologie sur un fond bleu ciel
accompagnées de slogans consensuels.

De la belle poudre aux yeux politicarde avec en sous-texte :

« Regardez comme on investit bien dans l'avenir de
vos nienfants. N'oubliez pas de revoter pour nous. »

Et on peut donc, du même coup, continuer à considérer les profs comme des parasites incompétents qui coûtent trop cher à former. Et à déféquer sur le fameux numérique en enchaînant les lois sécuritaires liberticides avec la main #jeSuisCharlie sur le cœur.

> Bref, contribuer à faire du numérique un outil d'aliénation et non l'outil d'émancipation qu'il pourrait être.

Elle est pas belle, la vie ?

Ça dégooglise pépère

Bon. On n'va pas s'mentir, entre les religio-zinzins amoureux de la gâchette qui flinguent à tout-va et nos propres politico-zinzins qui mettent le pays entier sur écoute, soi-disant pour repérer les religio-zinzins susnommés (même si, en fait, on les repérait déjà avant), l'année 2015, pour l'instant, c'est pas folichon.

Mais trêve de ~~Sirius Black~~ sinistrose, parlons un peu de ce qui va bien.

> Par exemple, chez nous, à *Framasoft*, on se débrouille. On dégooglise, petit à petit, comme on l'avait annoncé à l'automne dernier.

Déjà, puisque Google a décidé de fermer sa forge et Sourceforge de déféquer dans la sienne, on s'est dit que c'était le moment d'ouvrir notre forge à nous au public.

Comme on est un peu *monomaniaques*, on a aussi sorti plein de *Framatruc* et de *Framabidules*.

FRAMABOOKIN

FRAMAGAMES

FRAMAPIC

FRAMABIN

Des guerres de tranchées s'organisent pour savoir s'il faut dire « bouquin » ou « book in ».

Bon, du coup, sur les noms, on a aussi essayé d'innover un peu :

Oui, on aime aussi avoir 15 justifications pour un unique nom.

(Au passage, je vous conseille d'accéder à
`http://huit.re/caca/`, ça vaut le détour !)

Le summum de l'innovation a été atteint à l'AG de janvier où nous avons tenté de nous mettre d'accord sur le nom du moteur de recherche. Autant vous dire que ça n'a pas été de la *Framatarte*...

Après 12 heures de discussions ~~arrosées~~
acharnées, nous avons finalement décidé de couper
la poire en trois.

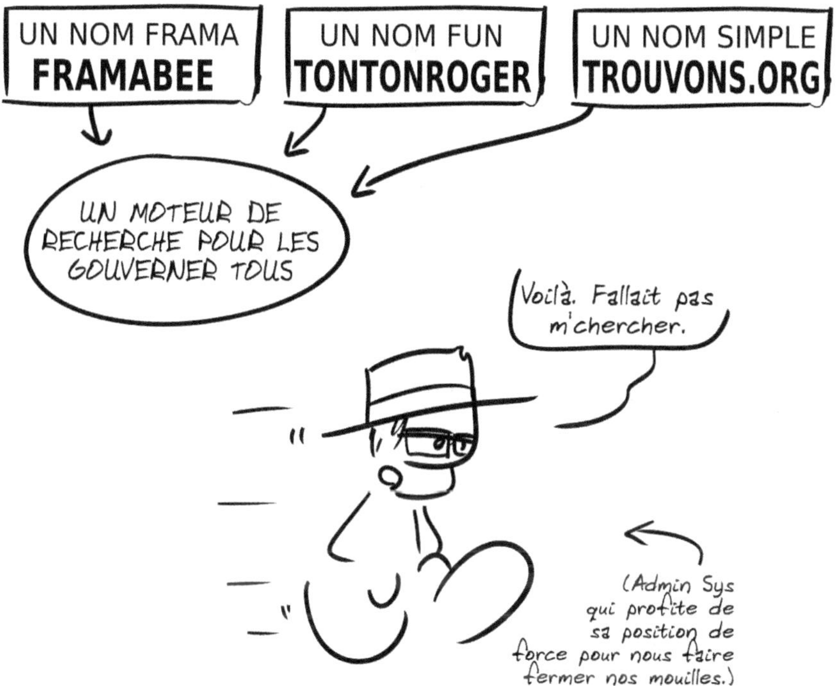

Ça a l'air d'être un peu le boxon, comme ça, mais on consolide aussi l'existant, notamment notre tête d'affiche *Framapad* qui prend du poil de la bête !

Et puis bien sûr, votre serviteur n'est pas en reste puisque, non seulement Framasoft héberge le nouveau blog BD libre « Grise Bouille », mais plus de 30 dessins ont également été ajoutés à GéGé*, le Générateur de Geektionnerd !

* Remarquez que, question nom, ça partait déjà en sucette.

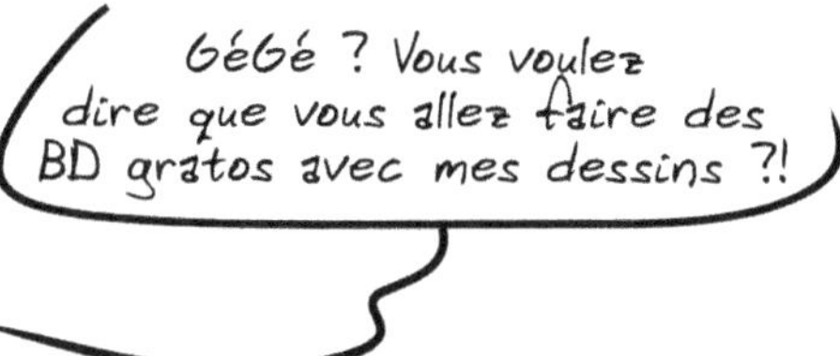

Tssss. Ça m'débecte. J'vais aller caillasser des VTC, ça va m'détendre.

Voilà... dégoogliser, ça ne se fait pas en un jour, mais on avance.

Et surtout, n'oubliez pas que la dégooglisation, c'est avant tout avec vous et même chez vous qu'il faut la faire !

SysAdmin Day

Aujourd'hui est un jour particulier dans le petit monde de l'informatique. Aujourd'hui, nous fêtons nos administrateurs système (admin sys pour les intimes) !

Les administrateurs système sont un peu comme les murs porteurs d'une maison...

Ils nous entourent en permanence, on ne les distingue pas vraiment des autres murs et on a tendance à oublier qu'ils existent...

Mais au fond, s'ils n'étaient pas là, tout se casserait la gueule assez rapidement.

(Toute ressemblance avec un ou des blog existants serait fortuite.)

> L'admin sys a parfois son caractère. Mais il faut admettre qu'il fait tout un tas de trucs à la fois indispensables et imbitables par le commun des mortels.

(Moi compris. Et pourtant, je ne suis pas n'importe qui.)

Et vous, pauvres monstres d'ingratitude, ne les
contactez que *rarement* pour autre chose que « ouïn, mon site
marche plus ». Vous exagérez, quand même.

Alors pour ne jamais avoir à découvrir en catastrophe l'étendue de votre ignorance en administration système, chérissez vos administrateurs. Qu'est-ce qu'on dit ?

Firefox vide ses poches

Vous me connaissez, quand il s'agit de gueuler, je ne suis pas le dernier. Ces derniers temps, un fleuron du logiciel libre, le célèbre Mozilla Firefox, a eu tendance à faire quelque chose que je ne peux mieux résumer que par ce dessin :

Signature obligatoire des extensions, changement total de l'API, publicités intégrées dans les vignettes par défaut... Firefox a provoqué pas mal de débats enflammés.

Dernière affaire en date :
l'intégration par défaut de Pocket, un outil de lecture différée propriétaire et centralisé.

* Même que Framasoft propose une instance gratuite et ouverte à tous sur http://framabag.org/, farpaitement !

Mais voici enfin une bonne nouvelle : les développeurs de Mozilla travaillent à transformer l'intégration de Pocket en un simple module complémentaire, ce qui permettra de l'activer ou de le désactiver beaucoup plus facilement. Un pas dans la bonne direction, donc...

Voilà, on gueule, on gueule, mais quand on est entendus, ça fait du bien de pouvoir dire :

Merci Firefox !

contestation

satire

défouloir

société

La fourche

politique

critique

caricature

subjectif

Voici la section qui fera le moins consensus, et pour cause : elle vise au contraire à faire réagir et surtout à faire réfléchir. Politique, sujets de société... il y a de quoi faire, et le dessin reste un moyen efficace pour transmettre un message, par la caricature, par la satire. Je suis persuadé que l'objectivité en politique est un mythe, c'est pourquoi je préfère assumer toute la subjectivité de mes idées plutôt que d'essayer de la déguiser en vérité absolue comme cela est très en vogue dans la presse actuelle.

Le mot « fourche » est un symbole de contestation et de révolte contre les pouvoirs en place (politiques mais aussi médiatiques). Puisque cette section est grandement guidée par l'actualité, quelques précisions sont parfois nécessaires pour contextualiser tout cela :

— l'article *t411.me est bloqué* en page 201 fait référence à l'incessante bataille contre les sites de partage illégaux à coup de blocage de nom de domaine (une technique très inefficace par nature) ;
— les articles sur la loi renseignement (pages 203 et 213) évoquent l'attitude déplorable du gouvernement face aux critiques que cette loi a soulevées ;
— le texte page 215 évoque une rumeur lancée à l'été 2015 et qui prétendait que *Les Guignols de l'info* allaient être déprogrammés. Ce ne fut finalement pas le cas, mais en regardant la nouvelle version, on se dit que l'arrêt aurait été préférable à ce gâchis ;
— *L'antiterrorisme en France*, page 235, fait suite aux attentats du 13 novembre 2015 à Paris où l'on a pour la énième fois mis Internet au centre des débats alors qu'il me semble que c'est un élément bien mineur de ces événements ;
— enfin, le long texte en page 237 fait suite aux élections régionales de l'hiver 2015 qui ont été animées par l'habituelle agitation de l'épouvantail FN mêlée de mépris pour les abstentionnistes. Ou comment, comme souvent, on continue de pointer les symptômes sans vouloir voir le mal...

Personne ne détient la vérité absolue et je n'ai certainement pas la prétention de la donner dans cette section. Chacun est libre de se forger ses propres opinions : voici les miennes.

La guerre, c'est la paix

Que les actes de nos politiciens* soient rarement en accord avec leurs paroles, nous y sommes habitués. Mais là, on atteint une telle opposition entre les deux que je ne serais pas surpris de les entendre citer très sérieusement un slogan du tristement prémonitoire *1984* : « la guerre, c'est la paix », « la liberté, c'est l'esclavage », etc.

* Je n'ose utiliser le terme « représentant » tant il y a belle lurette qu'ils ne représentent plus personne.

➡ Ces politiciens qui ont à cœur de « réguler Internet »...

...et qui se torchent avec les principes de la République dès qu'il s'agit du réseau en question.

Voilà, nous avons le choix RESPONSÂÂÂBLE de permettre la censure administrative des sites web.
Donc sans décision de justice.
Euuuh, la séparation des pouvoirs et le droit à un procès équitable, ce ne sont pas les fondements d'un état de droit ?

Ces politiciens qui ont à cœur de lutter contre le terrorisme...

Tu as dit que les terroristes avaient eu raison et que les victimes l'avaient bien mérité ?!
PRISON FERME !
Ça t'apprendra à réfléchir avant de dire des conneries !
Dis-donc, si on commence à enfermer les cons, ça n'va pas arranger la surpopulation carcérale...

...et grâce à qui on envoie en taule - avec une légèreté affligeante - des types qui ont de grandes chances d'en ressortir pires qu'avant.

Donc, chers politiciens,

si je résume...

➡️ vous avez transformé *Internet* en une zone de non-droit,

ce que vous prétendiez combattre,

➡️ vous avez lancé de potentielles vocations de terroristes aux quatre coins de la France,

ce que vous prétendiez combattre également.

BIEN JOUÉ.

Une histoire de poissons

t411.me est bloqué

Loi renseignement

AMNESTY INTERNATIONAL
SYNDICAT DE LA MAGISTRATURE
LIGUE DES DROITS DE L'HOMME
CNIL
SYNDICAT DES AVOCATS DE FRANCE
REPORTERS SANS FRONTIÈRES
LA QUADRATURE DU NET
APRIL

AMNESTY INTERNATIONAL
SYNDICAT DE LA MAGISTRATURE
LIGUE DES DROITS DE L'HOMME
CNIL
SYNDICAT DES AVOCATS DE FRANCE
REPORTERS SANS FRONTIÈRES
LA QUADRATURE DU NET
APRIL
PPPRRRRRRRR !!!

16/04/15 geo

Ne partez pas si vite !

Après avoir réservé au *mail* en question le sort qu'il méritait...

...je suis quand même allé voir par curiosité.

Ce qu'on lit :   Traduction :

(Ceci est une révolution.)

Bon, déjà monter un business sur une fonctionnalité que je peux probablement coder en moins d'une heure en suivant un tuto de débutant en JavaScript, c'est fort...

> ⚠ Mais je me suis soudain rendu compte que la fonctionnalité en question devenait de plus en plus populaire sur le web...

(Oui, sur le web, parce qu'en vrai, ce serait un peu flippant.)

On a eu les pop-ups de pub.

On a eu les vidéos qui se lancent en bas de
page sans que t'aies cliqué sur lecture.

On a eu les anti-bloqueurs de pubs.

Maintenant on a ça.

VOUS ALLEZ NOUS FOUTRE LA PAIX UN JOUR ?!

Déjà, par principe, votre algorithme est hyper-con. Vous prétendez que 70% des visiteurs qui quittent un site ne reviendront jamais, mais vous prenez le risque de les gonfler encore plus avec cette stupide pop-up.

Mais en plus, votre algorithme nous casse les gonades dès qu'on a le malheur d'approcher notre souris de la barre d'outils de notre navigateur.

Chers webmasters, chers community managers... si vous pensez que ce système est une bonne idée, si vous pensez que cela améliore l'expérience utilisateur, si vous pensez que cela va augmenter le trafic de votre site, si vous pensez *même* que votre site est mieux avec ce genre de système...

ALLEZ CREVER.

(Sérieusement, faudra pas venir chialer quand NoScript sera devenu aussi populaire que les bloqueurs de pubs...)

Loi renseignement (encore)

Vous regardez trop la télévision, bonsoir

Article publié le 8 juillet 2015

La semaine dernière a vu la menace de la fin des *Guignols de l'Info*, les levées de boucliers et l'annonce que l'émission continuerait finalement à la rentrée. Tout ça en quelques jours. Dans le milieu des *hacktivistes*, on remarque avec un certain goût amer qu'on aurait aimé voir une mobilisation aussi forte et efficace lorsqu'il s'agissait de défendre nos libertés et notre vie privée, il y a quelques semaines. Chacun son combat...

Les règles du jeu

Personnellement, l'éventualité d'un arrêt des *Guignols*, pour citer le Président à la marionnette la plus populaire, ça m'en a « touché une sans faire bouger l'autre ». Très honnêtement, si l'on m'avait dit que les Guignols s'étaient arrêtés il y a 3 ans, ça ne m'aurait même pas étonné d'avoir loupé l'info. Comme pas mal de gens, je suis infoutu de me rappeler la dernière émission que j'ai suivie. De mémoire, les marionnettes-stars de l'époque étaient Ben Laden et le Mollah Omar... Pour certains, l'âge d'or se situe dans les années 90 avec la montée au pouvoir de Chirac. Pour moi, les *Guignols*, ce sont les types qui ont réussi l'exploit de nous faire marrer tous les soirs dans l'ambiance oppressante de l'après 11 septembre.

Mais ce qui me fascine, dans cette levée de boucliers pro-*Guignols*, ce n'est pas tant qu'on se démène pour sauver une émission dont on se foutait encore trois jours avant. Dans un contexte autrement plus dramatique, c'est aussi ce qui est arrivé pour *Charlie Hebdo*, à l'agonie financièrement au moment de l'attaque. Non, ce qui me fascine, c'est qu'on s'insurge que Mgr Vincent Bolloré décide de virer une émission parce qu'elle le dérange. Comme si l'on découvrait brutalement que les grandes chaînes étaient dirigées par des grands groupes sans scrupule. Et que l'indépendance des rédactions dans ces cas-là, c'était un concept encore plus abstrait que l'honnêteté de Cazeneuve lors des débats de la Loi Renseignement[1].

On peut toujours crier au scandale quand Bolloré déclare « je paie, je décide ». Mais il ne fait qu'énoncer les règles du jeu. Vous voulez changer les règles ? Bienvenue au club. Mais il va falloir s'insurger largement en amont d'une simple émission de divertissement.

Le triomphe du *statu quo*

On a peut-être oublié un peu vite que Canal+, c'est fondamentalement la même chose que TF1 – malgré les moqueries qu'ils ont toujours réservé à la boîte à cons – en remplaçant Martin Bouygues par Vincent Bolloré. La cible et la méthode sont différentes, certes. TF1 vise la famille type avec des fictions aseptisées et du divertissement garanti sans-cerveau-requis ; Canal+ préfère les jeunes adultes tendance branchouille en tablant sur le capital sympathie nostalgique d'un *Esprit Canal*™ qui n'a rien inventé de neuf depuis les années 90. Mais n'oubliez jamais que la même caste est aux commandes et que c'est toujours la même idéologie dominante qui filtre les programmes des deux chaînes.

Si les *Guignols* avaient représenté le moindre danger pour les pouvoirs politiques ou économiques qui règnent en France aujourd'hui, l'émission n'aurait jamais duré 27 ans. Il fut un temps

---

1. Honnêteté que je résume pages 203 et 213.

où les *Guignols* pouvaient rendre une personnalité sympathique (Chirac en premier) ou détestable, c'est vrai. Mais faire reposer nos attentes d'émissions contestataires sur un grand média comme Canal+, c'est tout simplement ridicule. Les *Guignols*, aussi drôles qu'ils puissent parfois être et aussi plaisant qu'il soit de les regarder, contribuent à la sauvegarde de l'ordre établi et au triomphe du *statu quo* éternel. Ce fut d'ailleurs assez révélateur de voir un certain nombre de politiciens s'élever la semaine dernière pour défendre l'émission (mis à part quelques cas, comme notre Nadine nationale, qui réalisent l'exploit d'avoir encore moins d'humour que de compétences, ce qui n'est pas peu dire).

Aucun média de masse ne critiquera jamais le système qui a permis à ses propriétaires d'obtenir les niveaux de puissance et d'argent qu'ils ont aujourd'hui. Cela vaut pour les chaînes de télé, mais également pour la presse papier (qui n'hésite pas à taper constamment sur l'assistanat tout en ne survivant que grâce aux subventions publiques). Oui, les politiciens peuvent dormir tranquilles tant que nous nous consolerons de leur médiocrité en en riant devant des marionnettes qui ont à peine besoin de forcer le trait pour devenir des caricatures. Les *Guignols* montreront volontiers l'incompétence et la malhonnêteté de notre classe politique, souvent avec talent. Jamais ils ne remettront en cause la simple existence d'une telle « classe ». Jamais ils ne vous diront que, peut-être, le pays se porterait mieux si nous éloignions définitivement cette classe du pouvoir et si nous en mettions au passage quelques représentants derrière les barreaux pour tout le mal qu'ils ont fait au pays.

On éteint ?

Les grands médias focalisent notre attention sur des sujets qui ne représentent aucun danger pour les pouvoirs en place. Ces feignants de chômeurs ou ces dangereux immigrés : en somme, les deux seules classes sociales qui ont moins de pouvoir que la majorité, la fameuse classe moyenne. Parce qu'il ne faudrait surtout pas que cette classe moyenne lève les yeux vers ceux qui contrôlent le pays depuis des décennies et qui sont entièrement responsables de sa situation. Si vous connaissez un ami aux idées plutôt progressistes, humanistes, égalitaires... mais qu'il ne perd pas une occasion de vilipender chômeurs et immigrés, ne cherchez pas : il regarde probablement la télé régulièrement.

À l'inverse, il est surprenant de voir comme, en s'éloignant des grands médias et de leurs tapages stériles, on se découvre de l'intérêt pour d'autres sujets autrement plus constructifs. Séparation du travail et de l'argent, revenu de base, tirage au sort politique, licences libres, biens communs... Autant de sujets qui attirent de nouveaux curieux chaque jour sur Internet (qu'ils se révèlent pour ou contre, d'ailleurs). Autant de sujets dont vous n'entendrez presque jamais parler à la télé, sauf pour une démolition en règle. Autant de sujets qui ont la particularité de remettre en cause l'un ou l'autre des pouvoirs en place.

La question n'est pas de savoir si la télé, c'est principalement de la daube (et pourtant, objectivement, c'est le cas). La question est de savoir si l'on accepte que les gens qui ont les pleins pouvoirs économiques et politiques soient également ceux qui nous informent et nous divertissent. La question est de savoir si l'on accepte de continuer à participer à notre propre soumission. À l'époque où je regardais les *Guignols*, PPD débutait ses émissions par « vous regardez trop la télévision, bonsoir ». Nous sommes en 2015, et la télé, il serait peut-être temps de l'éteindre. Définitivement.

Un jour en France

Gueule de bois en Europe suite à cette terrible photo d'Aylan Kurdi, un petit enfant dont le corps a été rejeté sur une plage turque...
Cette fois l'Europe ne peut plus fermer les yeux. Cette photo nous renvoie la réalité en plein visage !

C'est une honte que nous laissions ces gens mourir à nos portes sans rien faire.

Ces gens fuient la mort et l'oppression, c'est notre devoir de les accueillir dignement.

Quand même, ils pourraient rester chez eux pour se battre ! Heureusement qu'on n'a pas fait pareil en 1940...
Tu reprendras bien un peu de rouge, Nadine ?

Ah bah ouais pi les enfants décapités par Daesh, ça on nous les montre pas les photos, hein !
Deux poids, deux mesures, j'dis ça j'dis rien, j'ai tout dit...

C'est quand même pas raisonnable de partir avec deux enfants en bas âge sur un radeau en mer agitée, hein...
Arno, lâche ce sachet de coke tout de suite !

Moi j'en veux bien chez moi, mais des chrétiens hein !
La bougnoulie, ça va bien cinq minutes. Hein, Minute ?

Déjà, qu'on s'occupe un peu de nos SDF, hein ! On a d'jà pas les moyens de sortir les bons français de la misère !
Les SDF ? Ces connards d'assistés ? T'es malade Jean-Jean ?
10/09/15-gee

Ailleurs, c'est pire

Si vous êtes français comme moi, vous savez sans doute que nous avons une réputation de ~~branleurs~~ râleurs.

Bon, alors il faut admettre que ce cliché est, dans une certaine mesure, assez réaliste.

En tout cas plus *mérité* que notre réputation de ne jamais nous laver.

(Jamais compris d'où il venait, celui-là.)

Alors oui, nous râlons parfois pour un rien et pouvons faire preuve de mauvaise foi.

Mais pardonnez-moi, dans le genre mauvaise foi, il y a un argument anti-râleur qui me met hors de moi tellement il est stupide :

« Te plains pas, c'est pire ailleurs. »

Mais si, vous savez, ce fameux argument qui fait de la chanson « Il en faut peu pour être heureux » un programme politique.

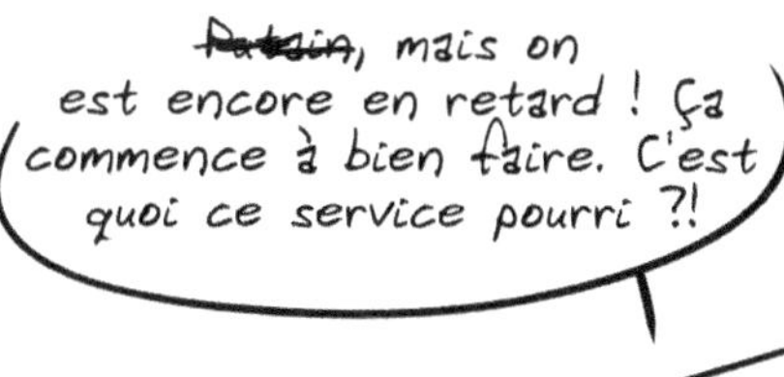

Alors de une : la comparaison est bien choisie. Oui, parce que les trains anglais sont peut-être moisis, mais si on se compare aux trains japonais, on va vachement moins la ramener.

Y'a peut-être pire ailleurs, mais y'a mieux aussi.

Et de deux : il y a pire ailleurs, okay. C'est vrai.

Okay, okay, y'a pire ailleurs, je suis d'accord...

MAIS : ET ALORS, PUTAIN DE BORDEL DE MERDE ?!

Sans vouloir la jouer dramatique – et sans
vouloir plagier George Abitbol – on vit quand
même objectivement dans un Monde de Merde™.

Du coup l'argument « c'est pire ailleurs » me semble un peu simpliste et pas très convaincant.

Mais le pire, c'est que cet argument est
régulièrement utilisé pour des cas autrement plus
graves que la soupe et le caca.

(De toute façon, j'aime pas la soupe, alors...)

Aaaargh ! Brutalité policière !
Te plains pas, hippie !
PCHHHHTTTT !
Y'a des pays où on tire à balles réelles sur les manifestants...

Homophobes ! C'est pas possible de voir ça en 2015 !
Te plains pas, tapette !
ON VEUT DES EMPLOIS, PAS DES HOMOS !
Y'a des pays où on décapite les dégénérés dans votre genre.

Pour ma part, je préfère être parfois agacé par les gens qui râlent qu'être désespéré par les gens qui sont résignés à accepter leur sort sans broncher.

Parce qu'au fond, dans un monde où l'on essaierait vraiment d'aller de l'avant, d'améliorer notre condition, il n'y aurait que deux comparaisons qui tiendraient vraiment :

1) Est-ce que la situation actuelle est mieux qu'elle ne l'était avant, ou au moins équivalente ? #nonRégression

2) Est-ce que la situation idéale serait significativement mieux que la situation actuelle ? #progrès

Par exemple, si je veux évaluer la situation des droits des femmes en France, voici une comparaison débile :

Et voici deux comparaisons qui tiennent la route :

Le truc, c'est qu'il est très pratique pour les pouvoirs (politique et médiatique) d'avoir recours au « c'est pire ailleurs ». Non pas pour améliorer ce qui se passe ailleurs, mais bien pour empirer ce qui se passe ici.

La prochaine fois qu'on fait référence à « ailleurs » pour justifier un changement de situation, posez-vous les questions : et « avant » ? Et « dans l'idéal » ?

  LA FOURCHE

Si les réponses sont négatives, eh bien, n'hésitez pas :

RÂLEZ !

Il y aura toujours pire ailleurs.

Si votre ambition se résume à être meilleur que le pire cas, ce n'est pas une ambition. C'est une (maigre) consolation.

L'antiterrorisme en France

Le deuil de la démocratie représentative

Article publié le 7 décembre 2015

D'abord, un chiffre pour remettre les pendules à l'heure : **91%**. C'est le pourcentage de français qui n'a pas voté pour le FN [1]. Moins d'un français sur 10 a donné une voix à ce parti. Et de fait, que le FN soit « le premier parti de France » n'est pas en soi le symbole d'une droitisation ou d'une radicalisation rampante de la société française. C'est le symbole de la mort de la démocratie représentative, le signe ultime que celle-ci ne représente plus rien ni personne.

Hier, je n'ai pas voté. Je n'irai pas plus dimanche prochain. Ami votant [2], je sais que, probablement, tu me méprises, tu as envie de me hurler dessus, de me dire que c'est honteux, que des gens sont morts pour que je puisse voter, qu'à cause de moi le fascisme pourrait s'installer. Je ne t'en veux pas, j'étais pareil il y a à peine 4 ans.

---

1. Je précise : 6 millions de votes FN pour 66 millions de français. Oui, ça compte les non-inscrits et les mineurs, mais l'image que j'avais, c'est que si je me retrouve demain dans une foule lambda en France et que je regarde autour de moi, moins d'une personne sur 10 aura été un électeur du FN. On est loin de la vague bleue marine annoncée...

2. Mon « ami votant » n'est pas à prendre sur un ton condescendant : je suis *réellement* amical ici, parce que je pense que nous sommes dans le même bateau. Désolé si le ton peut paraître hautain, ce n'est pas l'intention :)

Les étapes du deuil

Tu connais peut-être les 5 étapes du deuil de Elisabeth Kübler-Ross. Ça n'a pas forcément une grande valeur scientifique, mais ça permet de schématiser certains mécanismes émotionnels. Laisse-moi te les énoncer :

1. Déni
2. Colère
3. Marchandage
4. Dépression
5. Acceptation

Ami votant, je sais déjà que tu as dépassé le stade du déni : tu sais pertinemment que la démocratie représentative est morte. Sinon, tu voterais pour des idées qui te correspondent, tu voterais pour faire avancer la société, pour donner ton avis sur la direction à prendre. Mais tu ne fais pas cela : au contraire, tu votes « utile », tu votes pour faire barrage à un parti, tu votes pour « le moins pire ». C'est déjà un aveu que le système est mort.

En fait, tu oscilles entre les étapes 2 et 3. Entre la colère envers un système qui se fout de ta gueule, la colère contre les abstentionnistes qui ne jouent pas le jeu... et le marchandage. « *Allez, si je vote pour le moins pire, système, tu continues à vivoter ? Allez, peut-être que si on vote PS cette fois, il fera une vraie politique de gauche ? Allez système, tu veux pas continuer à faire semblant de marcher un peu si je fais des concessions de mon côté ? Si je mets mes convictions de côté, tu veux bien ne pas être totalement lamentable ?* »

Encore une fois, je comprends le principe, j'étais au même point lors des dernières élections présidentielles. J'appelais les gens à voter, je critiquais les abstentionnistes qui se permettaient de se plaindre alors que, merde, ils n'avaient pas pris la peine de faire leur devoir de citoyen. Je savais pertinemment que le PS au pouvoir ne ferait aucun miracle, que fondamentalement rien ne changerait par rapport à l'UMP, à part à la marge. Mais il fallait bien choisir le moins pire. La démocratie représentative était déjà morte, je le savais. Le vote utile, on nous le rabâchait depuis avant même que j'aie le droit de vote. Sans parler du référendum de 2005 où ça sentait déjà fort le sapin. Mais je n'avais pas terminé mon deuil. Et puis Hollande est passé.

Les derniers coups de pelle

Je ne pourrais jamais assez remercier François Hollande. Il m'a aidé à terminer mon deuil. En me renvoyant ma voix en pleine figure, en m'appuyant bien profondément la tête dans les restes puants et décomposés de notre système politique. Le quinquennat de François Hollande aura été la plus parfaite, la plus magnifique démonstration que le vote est une arnaque et que le pouvoir du peuple est une immense illusion. *Le changement, c'est maintenant !* Rappelle-toi, le PS avait tous les pouvoirs en 2012 : la présidence, l'Assemblée, les villes, les régions... merde, même le Sénat était passé à gauche ! Une première ! Les types avaient les mains libres et carte blanche pour tout. Il fallait écouter Copé, la pleureuse « profondément choquée », nous expliquer l'énorme danger que représentaient ces pleins pouvoirs. Lutter contre la finance ? Imposer les revenus du capital comme ceux du travail ? Interdire le cumul des mandats ?

LOL NOPE.

Au lieu de ça, nous aurons eu la même merde qu'avant. Parfois en pire. Course à la croissance alors même que nous produisons déjà trop pour la planète. Course au plein emploi alors que le travail est condamné à disparaître (ce qui, je le rappelle, devrait être une bonne nouvelle). Course à la productivité alors que les syndromes d'épuisement professionnel se multiplient et que le mal-être des travailleurs se généralise. Diminution de ce qu'on nous matraque comme étant « le coût du travail » mais qu'un employé sensé devrait comprendre comme « mon niveau de vie ». Détricotage méthodique des services publics qui devraient au contraire être renforcés.

Nous n'attendions rien de Hollande, il a réussi à faire pire. Des lois liberticides au nom d'une sécurité qu'elles ne garantiront même pas. Un État d'Urgence à durée indéterminée. Des militants assignés à résidence pour leurs convictions. Des manifestations politiques interdites. Des gamins mis en garde à vue parce qu'ils ne respectent pas une minute de silence. Heureusement que c'est sous un parti qui se dit « républicain » que tout cela se passe, sinon, on pourrait doucement commencer à s'inquiéter.

Vous me traitez d'irresponsable parce que je ne suis pas allé voter dimanche ? Moi je me trouve irresponsable d'avoir légitimé notre gouvernement actuel en votant en 2012. Depuis 2012, j'ai fait comme beaucoup de monde : j'ai traversé le stade 4, celui de la dépression. À me dire que nous étions définitivement foutus, que même lorsqu'un parti qui se disait en opposition totale avec le précédent se vautrait à ce point dans la même politique insupportable, il n'y avait plus de solution. Que la démocratie était morte, et que nous allions crever avec elle. Ami votant, admets-le, tu as eu la même réaction. Mais comme toujours, à chaque vote, tu régresses, tu retournes à l'étape 3, au marchandage, à te dire que peut-être, on pourra incliner un peu le système en s'asseyant sur nos convictions.

Moi, j'ai passé le cap. Je suis à l'étape 5, à l'acceptation. La démocratie représentative est morte, point. Que cela soit une bonne chose ou non, l'avenir le dira, mais le fait demeure : ce système est mort. Tu penses que retourner à l'étape de marchandage, c'est garder de l'espoir et qu'accepter la mort de notre système, c'est le désespoir. Je ne suis pas d'accord. Faire son deuil, c'est bien. C'est même nécessaire pour passer à autre chose et, enfin, avancer.

La démocratie est morte, vive la démocratie !

Tu remarqueras que je persiste à ajouter « représentative » quand je parle de mort de la démocratie. Parce que je ne crois pas que la démocratie elle-même soit morte : je pense que la démocratie *réelle* n'a jamais vécu en France. Le système dans lequel nous vivons se rapproche plus d'une « aristocratie élective » : nous sélectionnons nos dirigeants dans un panel d'élites autoproclamées qui ne change jamais, là où la démocratie voudrait que les citoyens soient tour à tour dirigeants et dirigés. Le simple fait que l'on parle de « classe politique » est le déni même de la notion de représentation qui est censée faire fonctionner notre démocratie représentative : la logique voudrait que ces politiciens soient issus des mêmes classes que celles qu'ils dirigent. Attention, ne crachons pas dans la soupe, notre système est bien mieux qu'une dictature, à n'en pas douter. Mais ça n'est pas une démocratie. Je te renvoie à ce sujet au documentaire *J'ai pas voté* (en libre accès et facilement trouvable sur Internet) que tout le monde devrait voir avant de sauter à la gorge des abstentionnistes.

Des gens sont morts pour qu'on puisse voter ? Non, ils sont morts parce qu'ils voulaient donner au peuple le droit à s'autodéterminer, parce qu'ils voulaient la démocratie. Est-ce qu'on pense sérieusement, en voyant la grande foire à neuneu que sont les campagnes électorales, que c'est pour cela que des gens sont morts ? Pour que des guignols cravatés paradent pendant des semaines pour que nous allions tous, la mort dans l'âme, désigner celui dont on espère qu'il nous entubera le moins ? Je trouve ce système bien plus insultant pour la mémoire des combattants de la démocratie que l'abstention.

Alors oui, j'ai fait mon deuil, et ça me permet d'avoir de l'espoir pour la suite. Parce que pendant que la grande imposture politicarde se poursuit sur les plateaux-télé, nous, citoyens de tous bords, essayons de trouver des solutions. Plus le temps passe, plus le nombre de gens ayant terminé leur deuil augmente, plus ces gens s'intéressent réellement à la politique et découvrent des idées nouvelles, politiques et sociétales : tirage au sort, mandats uniques et non-renouvelables, revenu de base, etc. Des solutions envisageables, des morceaux de savoir, de culture politique... de l'éducation populaire, en somme. Rien ne dit que ces solutions fonctionneront, mais tout nous dit que le système actuel ne fonctionne pas. Et lorsque ce système s'effondrera, ce sera à ces petits morceaux de savoir disséminés un peu partout dans la population qu'il faudra se raccrocher. L'urgence aujourd'hui, c'est de répandre ces idées pour préparer la suite. Ami votant, tu as tout à gagner à nous rejoindre, parce que tu as de toute évidence une conscience politique et qu'elle est gâchée, utilisée pour te battre contre des moulins à vent.

Notre système est un vieil ordinateur à moitié déglingué. Tu peux continuer d'imaginer qu'en réinstallant le même logiciel (PS ou LR, choisis ton camp camarade[1]), il finira par fonctionner. D'autres utilisent la bonne vieille méthode de la claque sur la bécane (le vote FN) : on sait bien que ça ne sert à rien et que ça ne va certainement pas améliorer l'état de l'ordi, mais ça soulage. Certains imaginent qu'en déboulonnant l'Unité Centrale et en hackant petit à petit le système, on finira par faire bouger les choses (la députée Isabelle Attard est un bon exemple, personnellement je la surnomme l'*outlier*, la donnée qui ne rentre pas dans le modèle statistique du politicien). Ce n'est pas la pire des idées. On a même parlé de rebooter la France. Qui sait, si on arrive à mettre sur pied une telle stratégie en 2017, possible que je ressorte ma carte d'électeur du placard. Mais les plus nombreux, les abstentionnistes, ont laissé tomber le vieil ordinateur et cherchent juste à en trouver un nouveau qui fonctionne.

Alors on fait quoi ? Pour être clair, je suis comme tout le monde, je n'ai aucune idée de la manière dont on peut passer à autre chose, pour instaurer une vraie démocratie. Une transition démocratique pourrait s'opérer en douceur en modifiant les institutions petit à petit : tout le monde aurait à y gagner. Politiciens compris, car l'alternative est peut-être l'explosion, et c'est une alternative à l'issue très incertaine. Mais clairement, nous ne prenons pas la direction d'une transition non-violente.

Je continue pour ma part à penser que, comme le disait Asimov, « la violence est le dernier refuge de l'incompétence ». Mais nous constatons chaque jour un peu plus notre impuissance dans ce système, et les politiciens actuels seraient bien avisés de corriger le tir avant qu'il ne soit trop tard. Avant que les citoyens ne se ruent dans ce dernier refuge.

---

1. À ce sujet, voir aussi page 247.

graphismes

à la main

papier

crayons

Table à dessins

essais

aquarelles

visuels

dessins

Cette dernière section rassemble mes travaux graphiques divers. Le principe même du blog *Grise Bouille* est de ne pas définir de cadre précis pour mes œuvres : ainsi, je me permets de proposer d'autres choses que de la bande-dessinée faite sur tablette graphique.

À l'exception du dessin crayonné *Le cancer* en page 259, toutes les œuvres présentées sont des aquarelles numérisées. Ce format de livre A5 n'est certes pas le meilleur pour les présenter, mais le contenu me semblait suffisamment pertinent pour y être inclus.

02/08/14
gee

« Le Peuple est Souverain. »
DROITE
GAUCHE
31/12/16
gee

LIBREMON
INSTALLEZ-LES TOUS !
20/02/15
gee

J'AI UN MAUVAIS PRESSENTIMENT...
QU'EST-CE QU'IL SE PASSE ?
TA CICATRICE TE FAIT MAL ?
NON, C'EST JUSTE QUE... C'EST LE MOIS DE JUIN !
04/04/15
gee

YEEEEHAAAAA !!!
13/04/15
gee

BONJOUR, J'VOUDRAIS APPRENDRE LE JAZZ...
ON M'A DIT DE VENIR VOUS VOIR.
16/06/15
gee

ANAKIN... PADMÉ...
POUR LE BIEN DE
LA GALAXIE...
FAITES LE
BON CHOIX...
PLANNING
FAMILIAL
20/07/15
gee

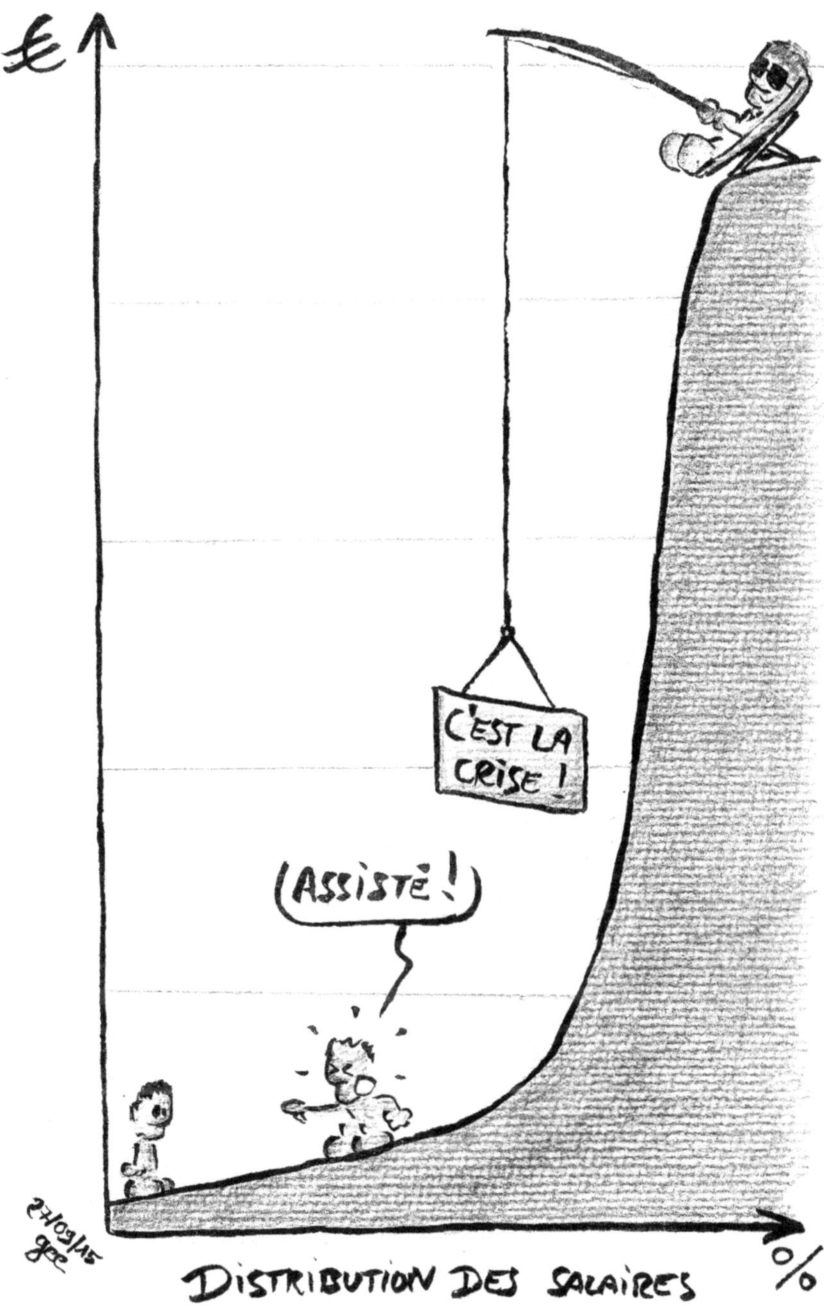

€
C'EST LA CRISE !
ASSISTÉ !
DISTRIBUTION DES SALAIRES
%

CROISSANCE VERTE

Table des matières